prima aktiv

A2.1 Deutsch für Jugendliche
Kursbuch

Robson Carapeto-Conceição
Sabine Jentges
Friederike Jin
Anjali Kothari

Cornelsen

A2.1 Deutsch für Jugendliche — Kursbuch

Im Auftrag des Verlages erarbeitet von
Robson Carapeto-Conceição, Friederike Jin, Anjali Kothari und Sabine Jentges (*Fakten & Kurioses*)
Phonetik: Friederike Jin

Redaktion: Yvonne Miller und Kathrin Sokolowski
Redaktionelle Mitarbeit: Johanna Burkhardt
Projektleitung: Kathrin Sokolowski

Didaktisch-methodische Beratung: Alev Yazıcı, Ankara
Illustration: Silke Bachmann, Hamburg und Irina Zinner, Hamburg (*Cover*)
Umschlaggestaltung und Layoutkonzept: Rosendahl Berlin, Agentur für Markendesign
Technische Umsetzung: Straive

Basierend auf prima plus A2.1 von Friederike Jin und Lutz Rohrmann

Weitere Materialien und Informationen zur Lehrwerksreihe finden Sie unter:
www.cornelsen.de sowie
www.cornelsen.de/prima-aktiv

1. Auflage, 1. Druck 2023

Alle Drucke dieser Auflage sind inhaltlich unverändert und können im Unterricht nebeneinander verwendet werden.

© 2023 Cornelsen Verlag GmbH, Berlin

Soweit in diesem Lehrwerk Personen fotografisch abgebildet sind und ihnen von der Redaktion fiktive Namen, Berufe, Dialoge und Ähnliches zugeordnet oder diese Personen in bestimmte Kontexte gesetzt werden, dienen diese Zuordnungen und Darstellungen ausschließlich der Veranschaulichung und dem besseren Verständnis des Inhalts.

Das Werk und seine Teile sind urheberrechtlich geschützt. Jede Nutzung in anderen als den gesetzlich zugelassenen Fällen bedarf der vorherigen schriftlichen Einwilligung des Verlages. Hinweis zu §§60a, 60bUrhG: Weder das Werk noch seine Teile dürfen ohne eine solche Einwilligung an Schulen oder in Unterrichts- und Lehrmedien (§60b Abs.3UrhG) vervielfältigt, insbesondere kopiert oder eingescannt, verbreitet oder in ein Netzwerk eingestellt oder sonst öffentlich zugänglich gemacht oder wiedergegeben werden. Dies gilt auch für Intranets von Schulen.

Druck: Mohn Media Mohndruck, Gütersloh

ISBN: 978-3-06-122592-6 (Kursbuch)
ISBN: 978-3-06-122615-2 (E-Book)

Das Wichtigste auf einen Blick

prima aktiv A2.1 ist der dritte Band der Lehrwerksreihe für Jugendliche, die in sieben Bänden von den Niveaustufen A1 bis B2 des Gemeinsamen Europäischen Referenzrahmens führt und auf die Abschlussprüfungen der jeweiligen Niveaustufe in Deutsch vorbereitet.

prima aktiv – der Name ist Programm

Abwechslungsreiche Themen greifen die Lebenswelten und Interessen junger Lernender auf, motivierende Lern- und Aufgabenformate bieten zahlreiche Anlässe zur Interaktion und Kommunikation in der Klasse.

Lernen mit dem Kursbuch A2.1

Das Kursbuch enthält sieben Einheiten, die Sonderseiten Fakten & Kurioses, Kleine Pause und Große Pause sowie im Anhang eine alphabetische Wortliste.

Jede Einheit besteht aus zehn Seiten und ist nach dem gleichen Prinzip aufgebaut.
Zwei fotoreiche Auftaktseiten führen in das Thema ein und präsentieren die Lernziele.
Auf **sechs folgenden Seiten** vermitteln lebendige Dialoge und abwechslungsreiche Texte wichtige sprachliche Strukturen. Die Kästen „Denk nach!" helfen, Strukturen selbst zu erkennen und grammatisches Regelwissen aufzubauen. Die Fertigkeiten Hören, Lesen, Sprechen und Schreiben werden systematisch entwickelt. Jede Doppelseite bildet eine Unterrichtssequenz und endet mit der Zielaufgabe, in der der neue Lernstoff aktiv Anwendung findet.
Eine **Vlog-Seite** begleitet die Videosequenzen mit Amalia und Marwin, die zusammen einen Einblick in ihr Leben und ihre Stadt München schenken.
Die letzte Seite **Das kann ich jetzt** fasst das Gelernte kompakt zusammen.

Die Landeskunde-Seiten Fakten & Kurioses nehmen Sprachen und Kulturen in Deutschland, Österreich und der Schweiz in den Blick. Ausgewählte Impulse wecken Neugier und werden mit der eigenen Lebenswelt in Bezug gesetzt und reflektiert.

Die Kleine Pause und die Große Pause dienen der spielerischen Wiederholung des Lernstoffs.

Zahlreiche integrierte Begleitmaterialien in der Cornelsen PagePlayer-App

Das Kursbuch ergänzen Hörtexte, Lieder, Videos, Lesetexte, Aufgaben zum kooperativen Lernen, Prüfungstipps und interaktive Übungen. Kleine Symbole im Kursbuch verweisen auf das ergänzende Lernangebot zum geeigneten Zeitpunkt. Die Materialien sind über die kostenlose Cornelsen PagePlayer-App direkt aus dem Kursbuch abspielbar. Alternativ können sie aus dem Webcode geladen werden. Hier stehen außerdem Kopiervorlagen für ergänzenden CLIL-Unterricht zur Verfügung.

prima aktiv enthält in Kooperation mit DUDEN in jedem Band ein Lesezeichen mit wichtigen grammatischen Themen.

Viel Spaß und Erfolg beim Deutschlernen mit prima aktiv wünscht das Cornelsen-Team!

Inhalt

1 Wie war's in den Ferien? Seite 6

Das lernt ihr: Sagen, wie die Ferien waren • Das Wetter beschreiben • Von (Ferien-)Erlebnissen erzählen • Vermutungen äußern

Grammatik: Possessivartikel im Dativ • Perfekt mit *sein* oder *haben* • Partizip von trennbaren und nicht trennbaren Verben

Phonetik: Wortakzent bei Verben mit Vorsilben

Landeskunde: Ferienregionen in Deutschland, Österreich und der Schweiz

Lerntipp: Verben mit Partizipien lernen

Video: Staycation – in München

2 Viel Erfolg! Seite 16

Das lernt ihr: Über Pläne, Hoffnungen und Wünsche sprechen • Vermutungen äußern • Über Berufe sprechen • Etwas begründen • Von ersten Berufserfahrungen berichten • Gefühle äußern

Grammatik: Nebensätze mit *dass* und *weil* • Modalverben im Präteritum

Phonetik: Die Laute *r* und *l* richtig aussprechen

Projekt: Ein Plakat über den Beruf eines Familienmitglieds machen

Landeskunde: *Girls' Day* und *Boys' Day*

Lerntipp: Ausdrücke mit *dass* in festen Wendungen lernen

Video: Wie im Film

3 Gute Freunde! Seite 26

Das lernt ihr: Über Freundschaft sprechen • Eine Geschichte erzählen • Um Hilfe bitten und Hilfe anbieten • Eigenschaften benennen und vergleichen • Komplimente machen

Grammatik: Personalpronomen im Dativ • Verben mit Dativ und Akkusativ • Komparativ • Vergleiche

Phonetik: Aussprache von *h*

Lied: Weil ich dich brauche

Projekt: So sind Freunde!

Lerntipp: Adjektive in Paaren lernen

Video: Ein Freund, ein guter Freund …

🎈 Fakten & Kurioses Seite 36

Landeskunde zu Deutschland, Österreich und der Schweiz

Kleine Pause Seite 40

Spielen und Wiederholen

4 Bist du online? Seite 42

Das lernt ihr: Über Medien sprechen • Sagen, was passiert, wenn … • Sagen, was man darf und nicht darf • Sagen, was jemand tun soll • Ein Interview führen

Grammatik: Die Modalverben *dürfen* und *sollen* • Sätze mit *wenn*

Phonetik: Aussprache englischer Wörter

Projekt: Ein Interview

Landeskunde: Gebrauch sozialer Medien unter Jugendlichen

Lerntipp: Zum Lernen den Flugmodus aktivieren

Video: Stress im digitalen Schlaraffenland

5 Zusammen sind wir stark Seite 52

Das lernt ihr: Über das Zusammenleben sprechen • Über Gefühle sprechen • Streiten und Kompromisse finden • Regeln formulieren • meine Meinung äußern

Grammatik: Reflexive Verben • *welche, welcher, welches* • *jede, jeder, jedes* • *müssen* vs. *nicht dürfen*

Phonetik: Intonation

Landeskunde: Die Carl-Strehl-Schule in Marburg

Video: Zusammen + leben = Zusammenleben

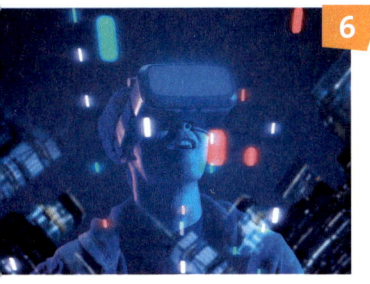

6 Voll im Trend Seite 62

Das lernt ihr: Sagen, was mir gefällt • Sachen und Personen beschreiben • Über Kleidung sprechen und Kleidung kaufen • Über eine Statistik sprechen

Grammatik: Adjektive vor dem Nomen

Phonetik: Die Endungen *-e, -en, -es* und *-er* sprechen

Projekt: Dafür geben wir Geld aus

Landeskunde: Was Jugendliche mit ihrem Geld machen

Lerntipp: Mit Mindmaps arbeiten und Wörter in Wortfeldern lernen

Video: Was macht uns glücklich?

7 Das ist mir wichtig Seite 72

Das lernt ihr: Über besondere Tage sprechen • Das Datum erfragen und nennen • Personen vorstellen • Aus dem Schulleben erzählen • Eine Geschichte erschließen

Grammatik: Ordinalzahlen • Adjektivendungen und Ordinalzahlen im Dativ

Phonetik: Konsonantengruppen aussprechen

Lied: Von klein bis groß

Landeskunde: Etappen in der Schulzeit

Lerntipp: Gezielt Informationen in Texten suchen, einen Text ohne Wörterbuch verstehen

Video: Besondere Orte

🌐 Fakten & Kurioses Seite 82

Landeskunde zu Deutschland, Österreich und der Schweiz

Große Pause Seite 86
Spielen und Wiederholen

Anhang Seite 88
Alphabetische Wortliste
Quellen

fünf 5

1 Wie war's in den Ferien?

A

B

1 Wo warst du in den Ferien?

a Seht die Fotos an. Wo sind die Jugendlichen? Lest die Posts und ordnet die Fotos zu.

MeiMei: Zu Hause sein, chillen, Musik hören... kein Urlaub an der Ostsee, aber viel Zeit mit Freunden. Total entspannt! 😊
#Freundinnen #FerienzuHause

Miri2009: Bonjour! Reisen und Französisch lernen. Meine erste Sprachreise 😊
#Paris #Sprachreise #Städtereise

PSommer: Abenteuer im Europa-Park – Achterbahn fahren, Burger und Eis essen, Spaß haben. Voll cool!
#Europapark # SpaßmitderFamilie

Lars123: Zwei Wochen in den Alpen. Wandern, Zelten, Lagerfeuer machen Meine Traumferien in den Bergen. Wunderbar!
#Ferien #Natur

b Hört den Podcast. Welches Foto passt?

c Hört noch einmal. An welchen Orten war Meike? Kreuzt an.

am Strand   im Park   in den Bergen   im Museum   zu Hause

d Hört den Podcast weiter. Was ist richtig? Kreuzt an.
1. In den Ferien war Paul ...   am Strand.   im Europa-Park.   in Wien.
2. Er war dort mit ...   seinen Eltern.   seinem Bruder.   seiner Freundin.
3. Pauls Ferien waren ...   toll.   langweilig.   blöd.

2 Da war richtig was los!

a Hört den ganzen Podcast noch einmal. Was sagen Meike und Paul über ihre Ferien? Markiert und sprecht in der Klasse.

> Meikes Ferien waren ...

langweilig • nervig • lustig • total blöd • nicht so toll • super • fantastisch • chaotisch • voll cool • wunderbar • anstrengend • schrecklich • entspannt • Da war nichts los.

b Gute oder schlechte Stimmung? Macht eine Tabelle mit den Wörtern aus **a** und weiteren.

c Wie findet ihr die Urlaubs-Szenarien? Nutzt die Wörter aus **b**.

Wandern mit deinen Eltern   Im Europa-Park mit deiner Tante und ihrem Baby

Zu Hause mit deinem Handy   Allein mit dem Rucksack unterwegs

Ihr mit eurem Auto in Italien   Zelten mit deinem Hund

> Wandern mit deinen Eltern?   Nicht so toll.

d Ergänzt die Possessivartikel im Dativ.

Denk nach!

Possessivartikel im Dativ

der Vater	**das** Handy	**die** Tante	**die** Bücher *(Plural)*
mit d**em** Vater	mit d**em** Handy	mit d**er** Tante	mit d**en** Büchern
mit mein**em** Vater	mit mein____ Handy	mit meine____ Tante	mit meine____ Büchern

mit dein**em** / sein**em** / ihr**em** / unser**em** / eur**em** / ihr**em** / Ihr**em** Vater

e Wie waren eure Ferien? Fragt und antwortet:
Wo warst du in den Ferien? Mit wem? Wie war es?
Erzählt dann von eurer Partnerin oder eurem Partner
in der Klasse.

> … war mit seinen Eltern in Spanien am Strand. Es war entspannt.

Das lerne ich: sagen, wie die Ferien waren • das Wetter beschreiben •
von (Ferien-)Erlebnissen erzählen • Vermutungen äußern

sieben 7

1 Wie war's in den Ferien?

3 Das Wetter

a Hört zu. Was hört ihr? Sucht das passende Bild und lest vor.

der Wind · die Hitze · die Kälte
die Sonne · die Wolke · das Gewitter
der Schnee · der Regen · der Nebel

b Wie ist das Wetter? Schreibt die passenden Sätze zu den Wörtern in den Bildern. Hört zum Vergleich.

Es ist bewölkt. · Es ist windig. · Es ist heiß. · Es regnet. ·
Es gewittert. · Es sind 39 Grad. · Die Sonne scheint. ·
Es ist stürmisch. · Es ist kalt. · Es ist nass. · Es ist warm. ·
Es ist neblig. · Es schneit. · Es ist sonnig. · Es ist trocken.

der Wind
Es ist windig.
...

c Hört noch einmal und sprecht nach.

d Kennt ihr ähnliche Wörter aus anderen Sprachen?

> Wetter auf Englisch ist weather.

> Sätze über das Wetter beginnen oft mit „Es".

e Zeichnet Wetter-Bilder. Eure Partnerin oder euer Partner beschreibt es.

> Es ist sonnig und trocken.

8 acht

4 Aprilwetter

a Seht die Karte an. Ergänzt die Himmelsrichtungen in den Sätzen. Hört zur Kontrolle.

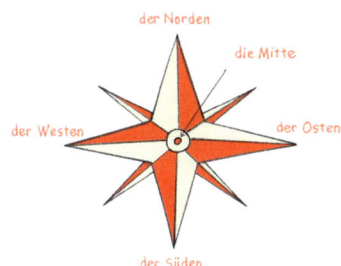

Der Wetterbericht

1. Im _____ ist es bewölkt bei 10 Grad.
2. Im _____ schneit es.
3. Im _____ gibt es Gewitter.
4. Im _____ scheint die Sonne bei 15 Grad.
5. In der _____ Österreichs ist es windig und nass.

b Sucht euch einen Ort auf der Karte und beschreibt das Wetter. Eure Partnerin oder euer Partner nennt den Ort auf der Karte.

> Mein Ort ist in der Mitte von Österreich. Da regnet es. Ist es …? Ja!

5 Jahreszeiten und Lieblingswetter

a Hört den Podcast. Welche Ferien findet Paul gut, besser, am besten?

> Paul findet die …

Winterferien   Frühlingsferien

Sommerferien   Herbstferien

gut   besser   am besten

b Schreibt einen Text: Was ist eure Lieblingsjahreszeit? Wie ist das Wetter in eurer Region zu dieser Zeit? Welche Ferien findet ihr am besten?

1 Wie war's in den Ferien?

Aslans Reise-Blog

Zwei Wochen in einem Jugendcamp in der Schweiz! Zwei Wochen zelten, Abenteuersport, Leute aus der ganzen Welt kennenlernen, meine Deutschkenntnisse verbessern und einfach Spaß haben. Und das habe ich erlebt:

Tag 1 Am Anfang war ich ziemlich nervös. Ich bin allein von Neu-Delhi nach Zürich geflogen. Dort habe ich die anderen getroffen: 20 Jugendliche aus 15 Ländern. Die meisten gehen, wie ich, in ihrem Land auf die Deutsche Schule. Das war super, denn alle haben Deutsch gesprochen. 😊 Zusammen mit den Betreuern sind wir dann nach Grindelwald gefahren. Dort war unser Zeltplatz. An diesem Tag haben wir nichts mehr unternommen – alle waren müde von der Reise. Wir haben nur am Lagerfeuer gechillt, gegessen und gequatscht. Total entspannt!

Tag 5 In den letzten Tagen hatten wir Pech mit dem Wetter: Es hat oft geregnet. Deshalb sind wir auf dem Zeltplatz geblieben und haben Karten gespielt, gelesen oder Musik gehört. Aber heute Morgen hat die Sonne geschienen und wir sind mit der Jungfrau-Bahn auf das Jungfraujoch gefahren. Das ist ein Tal in 3.454 Metern Höhe. Dort oben hat es geschneit und ich habe zum ersten Mal Schnee gesehen – so schön! 😊

Tag 8 Gestern Nachmittag sind Lara aus Brasilien, Timu aus der Türkei und ich an den See gegangen. Es war heiß, wir sind lange geschwommen und haben total die Zeit vergessen. Plötzlich war es fast dunkel. Wir sind schnell los, aber wir haben den Weg nicht mehr gefunden. Wir sind zwei Stunden durch die Gegend gelaufen. Zum Glück hat eine Betreuerin uns gefunden. 😇

Tag 13 Die letzten Tage waren super cool! Jeder Tag ein Abenteuer: Wir haben einen Orientierungslauf im Wald gemacht, sind geklettert, Kajak und Mountainbike gefahren und haben die Wasserfälle bei Lauterbrunnen besichtigt. 😮 Morgen ist der letzte Tag. Das wird bestimmt schwer. Ich vermisse meine neuen Freunde jetzt schon. 🥲 Aber wir bleiben in Kontakt.

6 Aslans Reise-Blog

a Lest oder hört den Anfang vom Blog. Welcher Titel passt?

Ferien in Österreich   Allein in den Bergen   Spaß im Jugendcamp

b Lest oder hört den Blog weiter. Zu welchen Tagen passen die Fotos?

c Das Perfekt: Sucht die Sätze im Blog. Ergänzt hier *haben* oder *sein* und die Partizipien.

Denk nach!

		Position 2: haben/sein		Ende: Partizip
treffen →	Dort	_habe_	ich die anderen	_getroffen_ .
chillen →	Wir	_____	nur am Lagerfeuer	_____ .
fahren →	Wir	_____	mit der Jungfrau-Bahn	_____ .
laufen →	Wir	_____	zwei Stunden durch die Gegend	_____ .
machen →	Wir	_____	einen Orientierungslauf im Wald	_____ .

d Das Perfekt mit *haben* und *sein*: Ordnet die Partizipien zu und ergänzt die Infinitive.

gezeltet   geflogen   gechillt   gespielt   gesehen
geschwommen   geklettert   gefahren   gemacht

haben	sein (A → B)
gezeltet (zelten)	

Das Perfekt
Die meisten Verben bilden das Perfekt mit dem Hilfsverb *haben*. Verben mit lokaler Veränderung (A→B), z. B. *fahren*, bilden das Perfekt mit *sein*.
A ⟶ B

e Was habt ihr schon einmal, schon oft oder noch nie gemacht? Tauscht euch aus. Die Partizipien in d helfen.

zelten • allein fliegen • am Lagerfeuer chillen •
Karten spielen • Schnee sehen • klettern •
in einem See schwimmen • Kajak fahren •
einen Orientierungslauf machen •
einen Wasserfall sehen

> Hast du schon einmal gezeltet?

> Nein, ich habe noch nie gezeltet. Und du?

ein Wasserfall bei Lauterbrunnen

1 Wie war's in den Ferien?

7 Die schönsten Momente

a Aslan telefoniert mit Miri. Richtig oder falsch? Hört zu und kreuzt an.

	Richtig	Falsch
1. Aslan ist heute früh aufgestanden.	☐	☐
2. Er hat in den Ferien tolle Leute kennengelernt.	☐	☐
3. Aslan hat kein Souvenir für Miri mitgebracht. Er hat es vergessen.	☐	☐
4. Am letzten Tag in Zürich ist nichts passiert. Das war langweilig.	☐	☐
5. Miri hat ihre Sachen schon eingepackt.	☐	☐
6. Miri verreist in diesen Ferien nicht. Sie bleibt zu Hause.	☐	☐

b Seht die Partizipien an. Wie heißen die Infinitive? Schreibt auf.

gekauft   gegangen   vergessen
geregnet geblieben unternommen

aufgestanden kennengelernt fotografiert besichtigt
angekommen   mitgebracht   passiert   verreist

gekauft – kaufen

> 💡 **Tipp**
> Lernt Verben immer mit dem Partizip!

c Phonetik: Wortakzent bei Verben mit Vorsilben. Hört und markiert den Wortakzent.

ankommen • einpacken • mitbringen • vergessen • erleben • besichtigen

d Hört die Infinitive mit den Partizipien und sprecht nach. Klatscht den Wortakzent.

ankommen – angekommen   einpacken – eingepackt   mitbringen – mitgebracht

vergessen – vergessen   erleben – erlebt   besichtigen – besichtigt

8 Nach den Ferien

a Was habt ihr in den Ferien vermisst? Was vermisst ihr jetzt? Notiert.

In den Ferien habe ich mein Bett vermisst. Jetzt vermisse ich meinen Schlafsack...

In den Ferien habe ich meine Freunde vermisst. Jetzt vermisse ich den Strand.

b Sagt, was ihr in den Ferien vermisst habt. Die anderen raten, was ihr jetzt vermisst.

> Ich habe gezeltet. Ich habe in den Ferien mein Bett vermisst.

Vermutungen äußern
Ich glaube, du ...   Vielleicht ...
Ich denke, du ...   Wahrscheinlich ...
Ich vermute, du ... Bestimmt ...

> Wahrscheinlich vermisst du jetzt deinen Schlafsack.

> Ich denke, du vermisst jetzt ...

> Das stimmt (nicht).

c Wer war wo in den Ferien? Was denkt ihr: Was haben sie mitgebracht?

Miri: Frankreich   Aslan: die Schweiz   Sara: die Türkei
Lucas: China   Pia: Deutschland   Jan: Spanien

ein Schlüsselanhänger

Olivenöl

Schokolade

eine Buddha-Figur

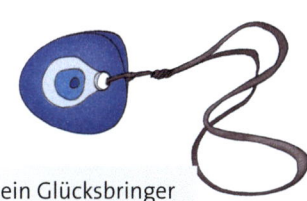
ein Glücksbringer

eine Kuckucksuhr

Sand vom Strand

ein Kühlschrankmagnet

ein Bild

> Miri war in Frankreich. Sie hat bestimmt ... mitgebracht.

d Ihr bekommt eine SMS von Miri. Sie fragt, wie eure Ferien waren.
Schreibt ihr eine SMS (20–30 Wörter).
Antwortet auf diese Fragen:
Wo wart ihr? Mit wem? Wie war es?
Was habt ihr gemacht oder erlebt?
Fragt zurück, wie Miris Ferien waren.

> Hey! 😊
> Bist du wieder da? Wie war's in den Ferien? Erzähl mir alles! 😊
> Grüße, Miri

dreizehn 13

1 Wie war's in den Ferien?

9 Staycation in München

a Amalias und Marwins Welt: Seht den Vlog bis 01:20. Beantwortet die Fragen.

Wo wohnen Amalia und Marwin?

Wie alt sind sie?

Woher kommt Amalia?

b Winterferien: Seht den Vlog weiter bis 02:15. Was planen Amalia und Marwin?

c Tag 1 und 2: Seht weiter bis 03:14. Was möchten Amalia und Marwin machen? Kreuzt an.

lange schlafen   Hausaufgaben   lesen   Musik
joggen gehen   zeichnen   Serien sehen   Fasching feiern

d Tag 3: Seht weiter bis 05:25. Wohin gehen Amalia und Marwin im Englischen Garten? Ordnet die Reihenfolge, notiert 1 bis 3.

e Tag 4: Seht weiter bis 07:08. Welche Ausstellungen im Deutschen Museum finden sie am besten?

Marwin: _____

Amalia: _____

f Tag 5: Seht weiter. Warum bleiben Amalia und Marwin zu Hause? Was machen sie?

g Macht ihr gern Ferien zu Hause? Was macht ihr dann? Schreibt einen Kommentar.

Das kann ich jetzt

Sagen, wie die Ferien waren
- Wie war's in den Ferien?
- Mit wem warst du da?
- Es war fantastisch! Ich war im Europa-Park.
- Mit meiner Mutter und meinem Vater.

Das Wetter beschreiben
Es regnet/schneit/gewittert.   Es ist kalt/warm/windig/bewölkt.   Die Sonne scheint.

Von (Ferien-)Erlebnissen erzählen
Wir haben einen Orientierungslauf im Wald gemacht, sind geklettert, Kajak gefahren und haben Wasserfälle besichtigt.

Vermutungen äußern
Ich denke, du vermisst jetzt deinen Schlafsack.
Wahrscheinlich vermisst du jetzt deinen Schlafsack.
Miri war in Frankreich. Sie hat bestimmt einen Schlüsselanhänger mitgebracht.

Außerdem kann ich ...
- die Himmelsrichtungen benennen

Phonetik
- Verben mit Vorsilben richtig betonen

Grammatik kurz und bündig

Possessivartikel im Dativ

mit mein**em**	dein**em**	sein**em**	sein**em**	ihr**em**	unser**em**	eur**em**	ihr**em**	Vater
mit mein**em**	dein**em**	sein**em**	sein**em**	ihr**em**	unser**em**	eur**em**	ihr**em**	Handy
mit mein**er**	dein**er**	sein**er**	sein**er**	ihr**er**	unser**er**	eur**er**	ihr**er**	Mutter
mit mein**en**	dein**en**	sein**en**	sein**en**	ihr**en**	unser**en**	eur**en**	ihr**en**	Büchern

Das Partizip

treffen → getroffen   machen → gemacht   aufstehen → aufgestanden
fahren → gefahren   chillen → gechillt   kennenlernen → kennengelernt
passieren → passiert   vergessen → vergessen
fotografieren → fotografiert   besichtigen → besichtigt

Das Perfekt

	Position 2 *haben/sein* (konjugiert)		Ende Partizip
Ich	habe	die anderen in Zürich	getroffen.
Wir	sind	nach Grindelwald	gefahren.

Die meisten Verben bilden das Perfekt mit dem Hilfsverb *haben*.
Verben mit lokaler Veränderung bilden es mit *sein*.

A → B

2 Viel Erfolg!

A B C D

1 In 20 Jahren

17–20 🔊 **a** Hört die Zukunftspläne von vier Jugendlichen. Zu wem passt welches Foto?

Lara   Pierre   Jonas   Daria

b Was wollen Lara, Daria, Jonas und Pierre später machen? Ordnet die Pläne zu. Nicht alle passen. Hört dann noch einmal zur Kontrolle.

Kinder adoptieren • im Ausland studieren • Menschen helfen • verheiratet sein • Feuerwehrfrau werden • Architektin werden • Verkäufer werden • reich werden • als Babysitter arbeiten • als Koch arbeiten • in einem Wohnwagen wohnen • ein Hotel haben • viel Geld verdienen • Autor werden

c Was denkt ihr über die Pläne der Jugendlichen? Schreibt Sätze ins Heft und lest vor.

Ich **glaube** (nicht), **dass**	Pierre		verheiratet ist.
Ich **denke** (nicht), **dass**	Daria	wirklich/	Feuerwehrfrau wird.
Ich **vermute**, **dass**	Jonas	in 20 Jahren	im Ausland studiert.
Ich **hoffe**, **dass**	Lara		als Koch arbeitet.
			viel Geld verdient.

d Lest die Sätze aus c noch einmal. Wo stehen die Verben? Ergänzt sie im Kasten.

Hauptsatz: Verb auf Position 2	Nebensatz mit *dass*: Verb am Ende		
Lara lebt im Ausland.	Ich glaube,	**dass** Lara im Ausland	lebt.
Jonas will drei Kinder haben.	Jonas sagt,	**dass** er drei Kinder haben	_____.
Viele Stars schlafen im Hotel.	Wir vermuten,	**dass** viele Stars im Hotel	_____.

> 💡 **Tipp**
>
> Lernt die Ausdrücke mit *dass* in festen Wendungen:
> *Ich hoffe, dass ...* • *Ich denke, dass ...* • *Ich vermute, dass ...*

2 Würfelorakel

Würfelt zweimal. Was sagt das Orakel? Glaubt ihr, das stimmt?

- ⚀ nächsten Sommer
- ⚁ nächstes Jahr
- ⚂ in drei Jahren
- ⚃ in zwanzig Jahren
- ⚄ nach dem Abitur
- ⚅ mit 18 Jahren

- ⚀ auf Hawaii surfen
- ⚁ allein wohnen
- ⚂ Musiker/-in werden
- ⚃ berühmt werden
- ⚄ um die Welt reisen
- ⚅ den Führerschein machen

> *Das Orakel sagt, dass du in drei Jahren berühmt wirst.*

> *Ich glaube, dass das Orakel (nicht) recht hat. In drei Jahren ...*

	werden
ich	werde
du	wirst
er/es/sie	wird
wir	werden
ihr	werdet
sie/Sie	werden

3 Was sind eure Wünsche?

a Was glaubt ihr: Wie ist euer Leben in fünf, zehn und 20 Jahren? Tauscht euch aus.

> *Ich glaube, dass ich in fünf Jahren noch zu Hause wohne. Aber in zehn Jahren wohne ich hoffentlich allein.*

> *Ich möchte Musikerin werden. Vielleicht bin ich in zehn Jahren berühmt!*

b Berichtet in der Klasse von den Plänen und Wünschen eurer Partnerin oder eures Partners.

> *Jule sagt, dass sie in ... Jahren ...*

> *Tim glaubt, dass er ...*

Das lerne ich: über Pläne, Hoffnungen und Wünsche sprechen • über Berufe sprechen • etwas begründen • von ersten Berufserfahrungen berichten • Gefühle äußern

2 Viel Erfolg!

4 Berufe

a Welche Wörter kennt ihr (nicht)? Wie heißen diese Berufe in euren Sprachen?

Anwalt/Anwältin   Journalist/Journalistin   Architekt/Architektin

Krankenpfleger/Krankenpflegerin   Künstler/Künstlerin   Arzt/Ärztin

Informatiker/Informatikerin   Psychologe/Psychologin   Sekretär/Sekretärin

b Hört zu und notiert: Welche Berufe finden Lara, Daria und Jonas interessant?

c Hört zu. Welche Berufe hört ihr? Kreuzt an.

Zahnarzt/Zahnärztin   Friseur/Friseurin   Sänger/Sängerin

Kellner/Kellnerin   Bäcker/Bäckerin   Fahrer/Fahrerin

d Phonetik: *r* und *l*. Hört zu und sprecht nach.

Drinnen und draußen,
proben und mit Menschen sprechen
Maschinen reparieren

Lernen und lachen,
Menschen helfen,
hoffentlich viel Geld verdienen

e Was muss man in den Berufen tun? Bildet passende Sätze.

aufpassen   erklären   organisieren   proben   reparieren   zuhören

konzentriert arbeiten   früh aufstehen   pünktlich sein   mit Menschen sprechen

auf der Bühne stehen   drinnen/draußen arbeiten   eine Uniform tragen

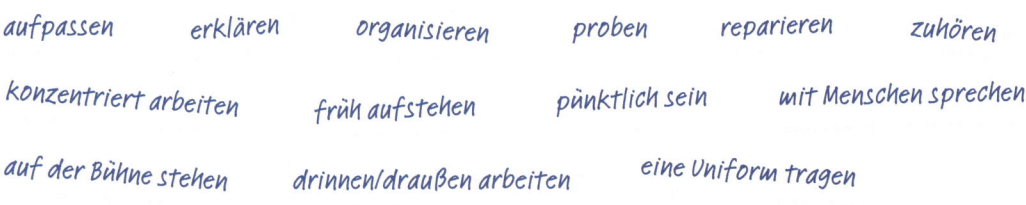

Ein Bäcker muss früh aufstehen.

Ja, und er muss auch ...

5 Berufsportraits

a Seht die Berufsportraits an. Was machen Marian Hauser und Sani Lawan beruflich?

Marian H.

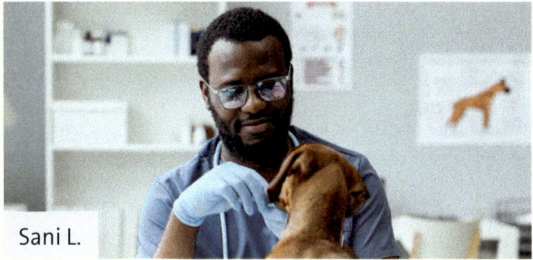
Sani L.

Mein Wunsch war immer die Schauspielschule. Aber nach einem Jahr habe ich dort aufgehört, weil ich nicht gut genug war. Ich habe dann Informatik studiert und gleichzeitig ein Praktikum gemacht. Nach dem Studium habe ich gleich eine Stelle als IT-Technikerin bekommen. Die Arbeit war aber langweilig, weil ich nur Computerprobleme von Kolleginnen und Kollegen gelöst habe. Dann habe ich mich als Spiele-Entwicklerin beworben und den Job bekommen. Ich liebe meine Arbeit, weil ich sehr kreativ sein kann.

Ich bin Tierarzt, weil ich schon als Kind Tiere geliebt habe. Zu Hause hatten wir viele Haustiere. Nach der Schule habe ich zuerst eine Ausbildung bei einer Bank gemacht. Dann habe ich ein paar Jahre dort gearbeitet. Nach drei Jahren habe ich bei der Bank aufgehört, weil das nicht mein Traumberuf war. Ich habe ein Studium zum Tierarzt angefangen. Es war hart, weil ich auch als Student immer gearbeitet habe. Aber jetzt bin ich sehr glücklich mit meinem Beruf.

b Lest oder hört die Berufsportraits. Sind die Sätze richtig oder falsch? Kreuzt an.

                            Richtig Falsch

1. Marian Hausers Traumberuf war Schauspielerin.
2. Sie war als IT-Technikerin nicht glücklich.
3. Als Student hat Sani Lawan auch bei der Bank gearbeitet.
4. Nach dem Studium hat er ein Praktikum gemacht.

c Unterstreicht in **a** alle Sätze mit *weil*. Ergänzt dann die Sätze im Kasten.

Denk nach!

Hauptsatz: Verb auf Position 2	+ Nebensatz mit *weil*: Verb am Ende
Nach einem Jahr habe ich aufgehört,	**weil** ich nicht gut genug _____.
Marian Hauser liebt ihre Arbeit,	**weil** sie sehr kreativ sein _____.
Sani Lawan ist Tierarzt,	**weil** er schon als Kind Tiere geliebt _____.

Projekt Macht ein Plakat über den Beruf eines Familienmitglieds und stellt ihn vor.

2 Viel Erfolg!

6 Berufe kennenlernen

a Was wollt ihr werden? Warum? Fragt und antwortet wie im Beispiel.

> Was willst du werden?

> Was musst du tun?

> Was kannst du gut?

> Ich will Informatiker werden, weil …

> Ich muss viel Mathe lernen.

> Ich kann gut programmieren.

b Lest den Text und beantwortet die Fragen.

AKTIONSTAGE FÜR MÄDCHEN UND JUNGEN – SEID DABEI!

Der *Girls' Day* und *Boys' Day* findet seit 2001 in Deutschland und seit 2006 in Österreich statt. Die Idee: Berufe kennenlernen ohne Gender-Klischees.

An diesem Tag können Schülerinnen klassische „Männerberufe" wie Mechaniker, Polizist oder Handwerker ausprobieren. Auch die Jungen können traditionelle „Frauenberufe" kennenlernen wie Erzieherin, Modedesignerin oder Krankenpflegerin.

Die Mädchen und Jungen begleiten Mitarbeiter/-innen und Auszubildende bei der Arbeit. Sie lernen typische Aktivitäten, Prozesse und Maschinen kennen und bekommen so ihre erste Berufserfahrung.

1. Seit wann gibt es den *Girls'* und *Boys' Day*?
2. Warum ist die Aktion wichtig?
3. Was machen die Schülerinnen und Schüler bei der Aktion?

Info

Mehr wissen? Auf www.girls-day.de und www.boys-day.de berichten Jugendliche von ihren Erfahrungen.

c Wie findet ihr den Aktionstag? Was denkt ihr, gibt es in euren Ländern typische Frauenberufe und Männerberufe?

2

7 Erfahrungsberichte

a Emil berichtet vom *Boys' Day*. Hört zu und verbindet die Satzteile.

Emil wollte • • in der Pause die Kinder suchen.
Er konnte • • den Beruf Lehrer besser kennenlernen.
Er musste • • Frau Santiago beim Unterrichten helfen.

b Emil chattet mit einem Freund. Ergänzt die Endungen. Nutzt den Grammatik-Kasten.

Die Kinder aus der Klasse 1b muss_____ Osterkarten basteln.

Und konn_____ du ihnen helfen?

Ja, klar! Ich konn_____ alles machen.

müssen (Präteritum)	
ich	musste
du	musstest
er/es/sie	musste
wir	mussten
ihr	musstet
sie/Sie	mussten

Auch so: können → ich konnte …
wollen → ich wollte …

c Hört Emils Bericht weiter und schreibt die Sätze zu Ende.
1. Nach der Pause konnte Emil noch …
2. Am Ende wollte er …
3. Emil findet den Beruf interessant, aber er will am liebsten …

d Hört Lunas Bericht und kreuzt an.

1. Herr Thiel ist …
   ☐ Handwerker.
   ☐ Mechaniker.

2. Luna konnte in der Werkstatt …
   ☐ auch selbst arbeiten.
   ☐ nur zusehen und fragen.

3. Luna möchte nach der Schule …
   ☐ direkt an der Universität studieren.
   ☐ ein Praktikum als Schuhmacherin machen.

8 Was willst du werden?

Lest die Karte und berichtet. Sagt zu jedem Stichpunkt zwei bis drei Sätze.

Ich möchte … werden.

Ich habe schon Erfahrungen als …

2 Viel Erfolg!

9 Im Sportverein

a Was denkt ihr, wer ist das auf dem Foto? Was haben sie vorher gemacht und was machen sie danach?

b Was denkt ihr, sind sie …
😌 entspannt   oder   😖 nervös?
🤩 glücklich   oder   😩 frustriert?
😊 optimistisch   oder   😒 pessimistisch?

c Lest den Eintrag vom 22. Juli in Finns Tagebuch und beantwortet die Fragen.

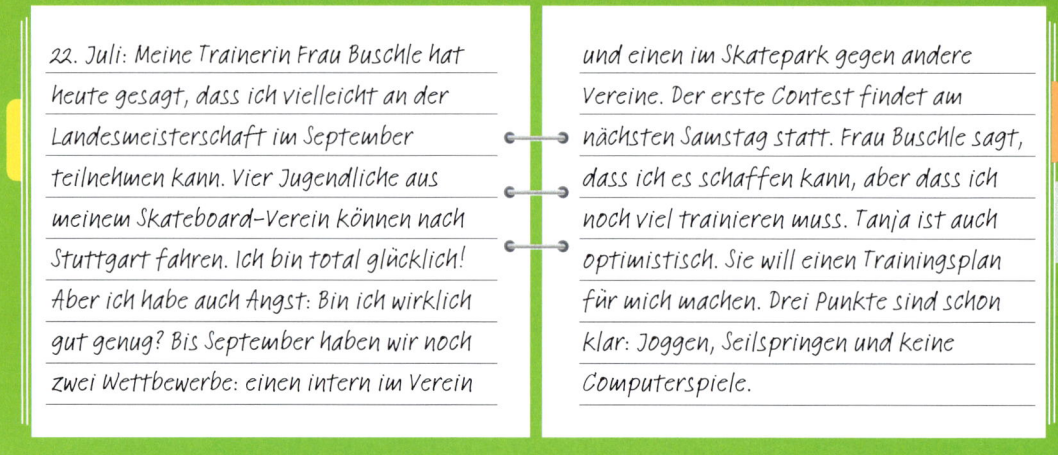

1. Welchen Sport macht Finn im Verein?
2. Warum ist Finn glücklich? Und warum hat er Angst?
3. Was muss Finn machen?

d Das hat Finn am 1. und 13. August gepostet. Lest beide Posts und korrigiert die Aussagen.

< 🧑 **SK8er Finn**   1. August   17:23   📹 📞

🎉 Beim Contest im Skatepark bin ich auf Platz 3 gekommen – juhuuu!!!

🍀 Ich bin jetzt optimistisch, dass ich es schaffen kann!

🐶 Ich gehe jetzt oft mit Bello joggen. Er läuft schnell und ich verbessere meine Kondition.

🎮 Ich habe ein neues Computerspiel: „Skate Revolution". Ich habe heute drei Stunden gespielt.

😠 Tanja ist sauer.

SK8er Finn 13. August 19:02

Ich bin total frustriert. Beim letzten Training habe ich keinen einzigen Trick richtig gemacht. Frau Buschle meint, dass ich nicht konzentriert genug war. Ich habe „Skate Revolution" von meinem Computer gelöscht. Am 28.08. ist unser Contest im Verein und am 06.09. die große Meisterschaft in Stuttgart. Ich bin total nervös.

1. Finn hat den Contest im Skatepark gewonnen.
2. Tanja ist froh, weil Finn ein neues Computerspiel hat.
3. Frau Buschle sagt, dass Finn im Training super war.

e Lest die Nachrichten vom 17. August. Was ist passiert? Ergänzt die Wörter.

Arm • musstest • Training • warst

Hey Finn, alles okay? Ich bin besorgt •• Tanja hat gesagt, du _____ zum Arzt …

Jaaa, so ein 💩

Du _____ gestern im Training so gut 💪 und selbstbewusst 😎 Was ist passiert?

Aber heute war ich zu schlapp und bin blöd auf den linken _____ gefallen. 😒

Er tut total weh 😓 Mindestens zehn Tage kein _____ 🚫

f Lest nun den Eintrag in Finns Tagebuch am 28. August. Wie fühlt er sich beim Contest? Und nach dem Contest?

g Was denkt ihr, wie geht es weiter? Wie war die Landesmeisterschaft für Finn? Wie hat er sich gefühlt? Schreibt zusammen Finns nächsten Tagebucheintrag.

2 Viel Erfolg!

11 Wie im Film

a Seht die Fotos an. Lest die Fragen und vermutet die Antworten.

Wo sind Amalia und Marwin? • Was machen sie? • Warum sind sie da?

b Lest die Sätze. Seht den Vlog und ordnet die Sätze, notiert 1 – 4.

☐ Amalia und Marwin berichten von ihren Erfahrungen.
☐ Amalia besucht die Produktion.
☐ Marwin lernt die Redaktion kennen.
☐ Eine Mitarbeiterin zeigt Amalia und Marwin die Firma.

c Seht noch einmal. Was stimmt? Kreuzt an, richtig oder falsch.

	Richtig	Falsch
In der Firma arbeiten mehr Männer als Frauen.	☐	☐
Bei einer Themenkonferenz sammelt die Redaktion Ideen.	☐	☐
Im Technikraum sammelt man Ideen für neue Filme.	☐	☐
Amalia schaut zu, wie der Cutter einen Film schneidet.	☐	☐
Beim Schnitt schneidet der Cutter einen Film.	☐	☐
Amalia schaut im Kino einen neuen Film.	☐	☐

d Schreibt einen Kommentar. Was ist euer Traumberuf? Wie hat euch das Video gefallen?

_____
_____
_____
_____

Das kann ich jetzt

Über Pläne, Hoffnungen und Wünsche sprechen
Jonas will drei Kinder haben.
In zehn Jahren wohne ich hoffentlich allein.
Ich möchte im Ausland studieren und Architektin werden.

Über Berufe sprechen
Ein Bäcker muss früh aufstehen.
Marian war mit ihrer Arbeit als IT-Technikerin nicht glücklich.

Was willst du werden?

Ich will Informatiker werden.

Von ersten Berufserfahrungen berichten
Emil wollte den Beruf Grundschullehrer besser kennenlernen.
Ich arbeite jetzt schon manchmal als Babysitter.
Dieses Jahr habe ich beim *Girls' Day* mitgemacht und war in der Werkstatt von Herrn Thiel.

Gefühle äußern
Ich bin total glücklich, aber ich habe auch Angst.
Tanja ist sauer. Tom ist total frustriert.

Außerdem kann ich ...
- etwas begründen

Phonetik
- die Laute *l* und *r* richtig aussprechen

Grammatik kurz und bündig

Nebensätze mit *dass* und *weil*

Lara	lebt	im Ausland.		
Ich	glaube,		dass Lara im Ausland lebt.	*Merkt euch:*
Marian	kann	kreativ sein.		*Im Nebensatz steht*
Sie	liebt	ihre Arbeit,	weil sie kreativ sein kann.	*das Verb am Ende.*

Modalverben im Präteritum

	müssen	wollen	können
ich	musste	wollte	konnte
du	musstest	wolltest	konntest
er/es/sie/man	musste	wollte	konnte
wir	mussten	wollten	konnten
ihr	musstet	wolltet	konntet
sie/Sie	mussten	wollten	konnten

Merkt euch:
Die Modalverben benutzt man fast immer im Präteritum, nicht im Perfekt.

3 Gute Freunde!

1 Das machen Freunde zusammen

a Seht die Fotos an. Was machen die Jugendlichen zusammen? Sprecht in der Klasse.

b Was macht ihr mit Freunden? Sammelt Aktivitäten.

Ich bin viel mit meiner Freundin zusammen. Nach der Schule chillen wir immer.

Ich treffe meinen Freund nicht so oft. Aber wir chatten viel und kommentieren unsere Posts.

2 So habe ich meine Freunde kennengelernt

a Hört zu. Welches Foto auf Seite 26 passt?

b Lest die Sätze 1–5. Hört dann das Interview noch einmal und kreuzt an: Ja oder Nein.

1. Timo hat sehr viele Freunde. — Ja / Nein
2. Timo kennt Mahmood schon lange. — Ja / Nein
3. Till ist neu in der Klasse von Timo. — Ja / Nein
4. Till spielt Schlagzeug und Gitarre. — Ja / Nein
5. Timo macht mit seinen Freunden zusammen die Hausaufgaben. — Ja / Nein

3 Ist Jana langweilig?

a Jana und Celine sind Freundinnen geworden. Wie war es am Anfang? Ordnet die Bilder.

b Erzählt die Geschichte von Jana und Celine.

… waren zusammen in einer Klasse. • … hat gedacht, dass … langweilig ist. • In der Pause war … oft allein. • … hat wenig geredet. • … hat ein Bild von … gezeichnet. • … hat das Bild gesehen. • … wollte … als Freundin. • … haben viel geredet. • Zum Schluss sind … Freundinnen geworden.

c Wählt eine Aufgabe (A oder B) und schreibt die Geschichte.

A Wie hast du eine Freundin oder einen Freund kennengelernt?

B Denk an eine Freundin oder einen Freund. Was habt ihr schon zusammen erlebt?

Das lerne ich: über Freundschaft sprechen • eine Geschichte erzählen • um Hilfe bitten und Hilfe anbieten • Eigenschaften benennen und vergleichen • Komplimente machen

siebenundzwanzig

3 Gute Freunde!

4 Weil ich dich brauche

a Hört das Lied von Samuel Reißen. Welches Bild passt für euch am besten? Warum?

A   B   C

b Hört das Lied noch einmal und ordnet die Strophen. Eine Strophe bleibt übrig.

Ich bin gut drauf,
aber dir geht's nicht gut.
Ich helfe dir,
denn wir sind Freunde.

Dir geht es gut,
aber ich bin schlecht drauf.
Du hilfst mir,
denn wir sind Freunde.

Du bist für mich da.
Ich bin für dich da.
Wir sind für uns da,
denn wir sind Freunde.

Ein Freund hilft uns
und wir helfen ihm.
Eine Freundin zu haben
ist schön, denn sie hilft
uns und wir helfen ihr.

Weil ich dich brauche,
weil du mich brauchst,
weil wir uns brauchen,
sind wir Freunde.

Ein Freund ist ein
Freund, was auch passiert.
Es ist schrecklich,
wenn man Freunde verliert.

c Welche Strophe gefällt euch am besten? Lest sie vor. Hört dann das Lied noch einmal. Wer mag, singt mit.

d Lest die Strophen noch einmal und ergänzt die Dativpronomen im Kasten.

Denk nach!

Pronomen im Dativ

ich	Ein Freund hilft	mir.	wir	Ein Freund hilft	_____.
du	Ein Freund hilft	_____.	ihr	Ein Freund hilft	euch.
er/es	Ein Freund hilft	_____.	sie	Ein Freund hilft	ihnen.
sie	Ein Freund hilft	_____.	Sie	Ein Freund hilft	Ihnen.

e Phonetik: das *h*. Hört zu und sprecht nach. Welches *h* spricht man? Unterstreicht.

Er hilft ihr. • Sie hilft ihm. • Wir helfen ihnen. • Können wir Ihnen helfen? •
Ich habe ihm geholfen. • Können Sie mir helfen? • Helft ihr uns?

5 Ich brauche deine Hilfe

a Wer sagt was? Seht das Bild an und ordnet den Dialog. Hört zur Kontrolle.

☐ Okay, okay. Keine Panik! Ich erkläre dir die Aufgabe ganz genau. Die ist gar nicht so schwer.

☐ Jana, du bist doch gut in Mathe. Kannst du mir helfen? Ich verstehe das nicht. Ich muss morgen in der Klassenarbeit unbedingt eine Drei schreiben. Ich brauche deine Hilfe.

☐ Alles. Du musst mir alles erklären. Ich blicke überhaupt nicht durch.

☐ Klar, welche Aufgabe meinst du? Zeig mir das Problem. Was verstehst du nicht?

b Verstärkungswörter. Hört die Sätze und sprecht nach.

Ich muss unbedingt lernen. • Ich muss unbedingt eine Drei schreiben. • Ich blicke überhaupt nicht durch. • Die Aufgabe ist gar nicht so schwer.

c Lest den Dialog in a zu zweit. Achtet auf die Betonung.

d Lest die Sätze. Markiert die Person und die Sache unterschiedlich. Was steht im Dativ und was steht im Akkusativ? Kreuzt an.

Denk nach!

Verben mit Dativ und Akkusativ		Dativ	Akkusativ
Ich erkläre dir die Aufgabe ganz genau.	Person (Wem?)		
Zeig mir das Problem!	Sache (Was?)		
Sie gibt ihrer Freundin einen Tipp.			

e Schreibt Sätze mit *erklären*, *geben* und *zeigen*.

meiner Freundin • meinem Freund • den Lehrern • ihm • dir • euch

meine Idee • einen Stift • das Spiel • das Zimmer • den Laptop • die Bücher

Ich erkläre meiner Freundin das Spiel.

f Jemandem helfen: Wählt eine Situation aus und schreibt einen Dialog.

ein Geschenk kaufen   für eine Klassenarbeit lernen   im Haushalt helfen

3 Gute Freunde!

6 Wie ist eine gute Freundin oder ein guter Freund?

a Hört den Podcast. Wer findet welche Eigenschaft wichtig? Verbindet. Zwei Eigenschaften bleiben übrig.

Kira

zuverlässig
sportlich
tolerant
pünktlich
ehrlich
ruhig

Ben

b Eigenschaften. Welche Adjektive könnt ihr verstehen? Sucht die anderen Wörter im Wörterbuch.

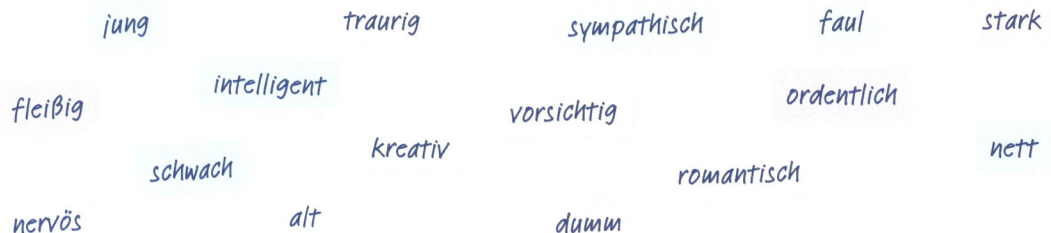

jung   traurig   sympathisch   faul   stark
fleißig   intelligent   vorsichtig   ordentlich
schwach   kreativ   romantisch   nett
nervös   alt   dumm

c Wie viele Paare von Adjektiven findet ihr in a und b?

  jung – alt

Tipp
Lernt Adjektive in Paaren!

d Erklärt drei bis fünf Adjektive aus a oder b mit Beispielsätzen. Die anderen raten.

Die Person versteht alles sehr schnell.   *Sie ist ... .*

e Wie soll eure Freundin oder euer Freund sein? Wählt fünf Adjektive aus und macht eine Tabelle. Vergleicht in der Gruppe.

sehr wichtig	nicht so wichtig
sportlich	...

Ich finde es wichtig, dass mein Freund sportlich ist.

Doch, für mich ist das total wichtig.

Sportlich? Ist das wirklich wichtig?

Nein, das finde ich nicht so wichtig.

30 dreißig

7 Er ist älter, aber ich bin größer

a Lest oder hört den Text und seht die Steckbriefe an: Wer ist Kira? Wer ist Ben?

Ich heiße Kira und mein Freund heißt Ben. Er ist ein bisschen älter als ich. Aber ich bin größer und sportlicher als er. Ich schwimme gern und spiele Volleyball. Ben liest lieber. Er ist besser in Deutsch und ich bin besser in Musik.

Name: _____
Alter: _14 Jahre_
Größe: _1,60 m_
Deutsch: _2_
Musik: _4_

Name: _____
Alter: _13 Jahre_
Größe: _1,65 m_
Deutsch: _4_
Musik: _1_

b Unterstreicht die Adjektive in **a** und ergänzt die Komparativ-Formen.

Denk nach!

Komparativ: regelmäßig	mit Umlaut (ä, ö, ü)	unregelmäßig
ruhig → ruhig**er**	alt → **ä**lt**er**	viel → **mehr**
sportlich → _____	groß → gr____ß____	gern → _____
		gut → _____

Er ist 14 Jahre alt und ich bin 13. → Er ist **älter als** ich.

c Schreibt Sätze über euch und eine andere Person mit den Adjektiven *groß, alt, faul, nett*.

8 Gleich und nicht gleich

a Was sagt Timo über Mahmood? Seht das Bild an und ergänzt die Vergleiche. Hört zur Kontrolle.

1. Mahmood ist _____ alt _____ ich.
2. Wir sind _____ alt.
3. Er ist größer _____ ich.
4. Aber er ist _____ sportlich _____ ich.

Timo (14) und Mahmood (14)

Vergleiche
netter **als**
genauso nett **wie**
gleich nett
nicht so nett **wie**

b Was sagt Mahmood über Timo? Schreibt vier Aussagen wie in **a**.

c Beschreibt eine Freundin oder einen Freund. Vergleicht euch in fünf Sätzen.

3 Gute Freunde!

9 Paula

a Seht die beiden Bilder an. Was vermutet ihr: Was macht Paula? Wie geht es ihr? Tauscht euch in der Klasse über eure Vermutungen aus.

37 b Hört oder lest die Geschichte. Welcher Titel passt?

Ein schrecklicher Tag *Eine warme Dusche für Paula*
Neu in Köln
Paula und Lina werden Freundinnen

Piep, piep! Paula sieht auf ihr Smartphone. Sie hat eine Nachricht von Lina: „Viel Glück morgen!"
„Das brauche ich!", schreibt Paula zurück. „Ich bin etwas nervös."
5 „Mach dir keine Sorgen! Du bist intelligent, lustig, kannst gut zuhören, ... Du findest bestimmt schnell Freunde!"
„Hoffentlich!", denkt Paula. Aber einschlafen kann sie nicht.
10 Am nächsten Morgen fährt ihr Vater sie mit dem Auto zur Schule. „Viel Glück!", sagt er zum Abschied. Und dann ist sie ganz allein. Ganz allein zwischen hunderten von Jugendlichen, die quatschen und zusammen lachen. Nur Paula kennt keinen Menschen. Sie vermisst Köln und Lina. Und außerdem ist sie jetzt so nervös, dass sie Bauchschmerzen hat.
15 „Guten Morgen! Ich hoffe, ihr hattet schöne Ferien." Der Lehrer ist jung und sieht sympathisch aus. „Ihr habt eine neue Mitschülerin. Paula, richtig? Ich bin Michael Brandt, euer Klassenlehrer. Möchtest du dich vorstellen?"
Auf einmal sieht die ganze Klasse sie an. Alles ist ruhig, nur ihr Bauch macht ein lautes Geräusch. Paula wird rot. Ein paar Schüler lachen leise.

20 „Hallo, ich bin Paula", sagt sie schüchtern. „Paula Rath. Ich komme aus Köln. Mein Vater und ich wohnen seit einer Woche in Berlin. Ich mag Kino und spiele Schlagzeug."
„Cool, Schlagzeug!", sagt jemand hinter ihr. „Komm doch mal zur Schülerband."
25 „Gute Idee!", sagt Herr Brandt. „Sprecht in der Pause, ja? Jetzt geht's los mit Mathe."
Puh, das war ja gar nicht so schwer, denkt Paula.
Ihr Bauch tut schon weniger weh.

Mathe, Geschichte, Ethik, Sport, Englisch, Bio ... Der Unterricht geht schnell vorbei.
30 In der letzten Stunde kommt noch einmal Herr Brandt ins Klassenzimmer.
„Ich hoffe, dass dein erster Tag schön war", sagt er zu Paula. Und zu den anderen:
„Ihr wisst ja, was jetzt kommt: die warme Dusche!"
Auf einmal schreiben alle etwas. Paula versteht nur Bahnhof. Und dann kommen alle zu ihr und jeder gibt ihr einen kleinen Zettel.

35 Zu Hause setzt Paula sich gleich auf ihr Bett und nimmt die Zettel aus dem Rucksack. Langsam öffnet sie einen nach dem anderen:

Piep, piep! Sie nimmt ihr Handy. Eine Nachricht von Lina: „Und, wie war es heute?"
Paula lächelt und schreibt zurück: „Gar nicht so schrecklich!" 😊

Text: Yvonne Miller

 c Wählt eine Szene (A, B oder C) aus. Was sagen die Personen? Schreibt einen Dialog und spielt ihn in der Klasse vor.

A Paula und Lina telefonieren am Abend vor dem 1. Schultag.

B Paula spricht in der Pause mit einer Mitschülerin oder einem Mitschüler.

C Paula und Lina telefonieren am Abend nach dem 1. Schultag.

10 Zur Freundschaft gehören Komplimente

38 🔊 **a** Hört zu und lest mit. Welche Aussagen sind Komplimente? Kreuzt an.
- ☐ Du siehst super aus. Warst du beim Friseur?
- ☐ Ich finde es toll, dass du so gut tanzen kannst.
- ☐ Du bist immer so nervös.
- ☐ Vielen Dank, dass du mir hilfst. Du kannst sehr gut erklären.
- ☐ Du hörst dich gern reden, oder?
- ☐ Ist die Brille neu? Die sieht echt gut aus!

Die Person soll mit dem Kompliment glücklich sein!

b Spielt „Warme Dusche": Schreibt eure Namen auf Zettel, mischt und verteilt sie. Schreibt ein Kompliment für die Person auf dem Zettel.

3 Gute Freunde!

  11 Ein Freund, ein guter Freund …

a Lest die Sätze. Seht dann den Vlog bis 03:08. Wer sagt was? Tragt den Anfangsbuchstaben ein. Ordnet zu.

Marwin — Amalia — Patricia — Jack — Theo

Ich kenne meinen Freund schon acht Jahre. Wir spielen zusammen in einer Band. **M**

Richtige Freunde habe ich hier nicht. Ich vermisse meine Freunde.

Mein Freund muss zuverlässig und ehrlich sein.

Meine Freunde sind alle unterschiedlich.

Ich mag nicht, dass mein Freund so oft unpünktlich ist.

b Seht noch einmal bis 03:08 und kontrolliert eure Antworten in **a**.
Warum macht Amalia so ein Gesicht? Notiert eure Ideen.

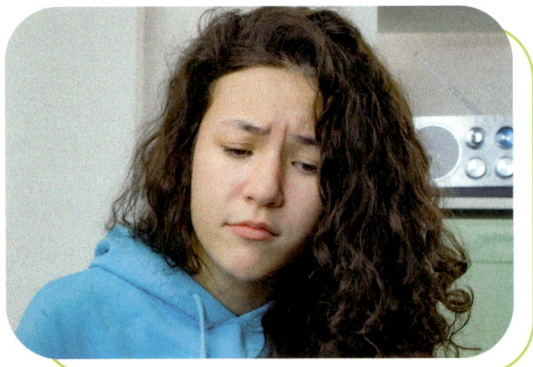

c Ein Test: Seht den Vlog weiter. Beantwortet dann die Fragen.

Wo hat Amalia den Test gefunden?   Was ist das Thema vom Test?

  d Schreibt einen Test mit fünf Fragen.
Was muss ein guter Freunde von mir wissen?

1. Was ist mein Lieblingsessen?
2. …

e Sammelt alle Fragen in der Klasse. Welche zehn Fragen findet ihr besonders interessant für einen Freundschaftstest? Macht den Test mit diesen 10 Fragen mit einer Freundin oder einem Freund.

Das kann ich jetzt

Eine Geschichte erzählen
Ich kenne meine Freundin schon lange. Wir haben uns in der Schule kennengelernt.
Sie war neu in der Klasse. Ich wollte gleich ihre Freundin sein.

Um Hilfe bitten und Hilfe anbieten
- Kannst du mir in Mathe helfen?
- Kann ich Ihnen helfen?
- Klar, ich helfe dir gern.
- Ja, bitte! / Nein, danke.

Eigenschaften benennen und vergleichen
Für mich ist es wichtig, dass Freunde ruhig/pünktlich/sportlich/... sind.
Mein Freund ist ruhiger/pünktlicher/sportlicher/... als ich.

Komplimente machen
Du siehst super aus! • Du kannst gut erklären. • Cool, dass du Schlagzeug spielst!

Außerdem kann ich ...
- über Freundschaft sprechen
- einen literarischen Text verstehen

Phonetik
- Aussprache von *h*
- Verstärkungswörter betonen

Grammatik kurz und bündig

Personalpronomen

im Nominativ:	ich	du	er/es	sie	wir	ihr	sie	Sie
im Dativ:	mir	dir	ihm	ihr	uns	euch	ihnen	Ihnen

Verben mit Dativ und Akkusativ

Viele Verben können zwei Objekte haben:
Dativ (Person) und Akkusativ (Sache).

Frage für den Dativ: Wem?

	Dativ (Person)	Akkusativ (Sache)
Er zeigt	ihr	einen Comic.
Sie gibt	ihm	den Stift.

Komparativ-Formen

regelmäßig:	mit Umlaut:	unregelmäßig:
sportlicher	groß → größer	gut → besser
ruhiger	alt → älter	gern → lieber
kleiner	stark → stärker	viel → mehr

Vergleiche

	pünktlicher **als**	
Jana ist	**genauso** pünktlich **wie**	Celine.
	nicht so pünktlich **wie**	

Fakten & Kurioses

1 Musik, Musik, Musik

a Beantwortet die Fragen im Heft. Tauscht euch dann zu zweit aus.

1. Welche Musik magst du? Welche Stile, Sängerinnen und Sänger, Bands?
2. Machst du Musik? Welchen Stil? Welche Instrumente spielst du?
3. Hast oder hattest du Musikunterricht? Wenn ja: Wo?
4. Willst du in Zukunft etwas mit Musik machen? Was?

b Welche deutschsprachigen Lieder oder Musikerinnen und Musiker kennt ihr? Was wisst ihr über Musik in Deutschland, Österreich und der Schweiz?

c Seht die Fotos an. Beschreibt: Was sieht man? Die folgenden Wörter helfen.

das Orchester • die Karaoke-Party • die Schlagermusik • der Musiker / die Musikerin • der Musiklehrer / die Musiklehrerin • die Band • das Lied • die Note • ein Instrument spielen • ein Instrument üben • singen • proben

d Lest oder hört die Texte und ordnet die Fotos aus **c** zu. Ein Foto bleibt übrig.

Rund 14 Millionen Menschen in Deutschland machen in ihrer Freizeit Musik: Sie spielen ein Instrument oder singen in einem Chor. Sehr viele Kinder und Jugendliche lernen ein Instrument, z. B. Gitarre, Klavier, Flöte, Violine oder Schlagzeug – oft an öffentlichen Musikschulen.

Musik oder Musikerziehung ist Schulfach in Deutschland, Österreich und der Schweiz. Die Schülerinnen und Schüler beschäftigen sich z. B. mit ihrer Musikerfahrung und mit unterschiedlichen Musikstilen. Sie lernen auch Noten.

Schlager haben einfache Texte und Melodien, man kann gut mitsingen. Es geht z. B. um Liebe oder Fröhlichkeit und Humor. Die Texte sind auf Deutsch. Früher waren vor allem ältere Menschen Schlagerfans. Heute mögen auch viele junge Leute Schlager. Bekannte Schlagerstars sind Helene Fischer aus Deutschland, Beatrice Egli aus der Schweiz und Andreas Gabalier aus Österreich.

e Was hat euch überrascht? Was findet ihr interessant? Worüber wollt ihr mehr wissen?

f Wählt ein Land aus und recherchiert zu einem der Themen. Erstellt ein Poster oder eine Präsentation und präsentiert euer Thema.

Musik an der Schule   aktuelle Musiktrends   Musizieren in der Freizeit   „Schlager"

Fakten & Kurioses

2 Lieblingssongs

 a Was sind eure aktuellen Lieblingssongs? Warum gefallen euch die Lieder so gut? Sprecht in Gruppen und sammelt dann in der Klasse.

> Mein aktuelles Lieblingslied ist … von … .
> Mir gefällt die Melodie / der Rhythmus / der Text.

> Das gefällt mir nicht so gut. Aber ich höre gerade … von … rauf und runter. Ich kann einfach nicht aufhören. Ich liebe seine/ihre Stimme/…!

> Echt? Ich mag lieber schnelle/laute/ fröhliche/… Musik.

> Ich auch! Dann tanze ich wild in meinem Zimmer. Deswegen gefällt mir … von … so gut.

b Denkt ihr, dass auch Jugendliche aus Deutschland, Österreich und der Schweiz eure Lieblingssongs kennen und mögen? Warum (nicht)?

c Lest die Kommentare im Musik-Chat von Jugendlichen aus dem deutschsprachigen Raum. Was sind ihre aktuellen Lieblingssongs? Markiert.

< **Musik, Musik, Musik**

 Niels Hey Leute! Ich bin gerade aus Mexiko zurückgekommen. Ich war ein Jahr zum Schüleraustausch dort und habe nur Latino-Musik gehört. Was geht gerade in den deutschen Charts? Wie steht es um den Deutschpop? Was sind eure Lieblingssongs? Aktualisiert mich bitte! *Gracias y un saludo.*

Rosa Latino-Musik ist hier auch total angesagt, find ich auch super. Aber ich stehe total auf Mark Forster und seine Songs. Mein absoluter Lieblingssong von ihm ist „194 Länder" und geht so: „Es gibt 194 Länder, ich will jedes davon seh'n – Sechseinhalbtausend Sprachen – Ich versuch' sie zu versteh'n – Die ganze Welt voll Abenteuer – Will so viel wie's geht erleben – Aber dich, Baby, dich, nur dich – Gibt's halt einmal für mich."

 Yazan Ich hör gern klassische Musik. Aber es gibt diesen einen Song von Namika: „Je ne parle pas français" … Meine kleinen Schwestern lieben ihn und ich mag ihn auch sehr: „Auf einmal sprichst du mich an – ‚Salut, qu'est-ce que vous cherchez?' – Ich sag': ‚Pardon, es tut mir leid – Ich kann dich leider nicht verstehen!' – Doch du redest immer weiter – Ich find's irgendwie charmant – Und male zwei Tassen Kaffee – Mit 'nem Stift auf deine Hand – Je ne parle pas français – Aber bitte red' weiter – Alles, was du so erzählst – Hört sich irgendwie *nice* an – Und die Zeit bleibt einfach stehen – Ich wünscht', ich könnte dich verstehen – Je ne parle pas français – Aber bitte red' weiter."

d Lest weiter. Welcher Kommentar ist von Rosa und welcher von Yazan? Warum mögen sie ihre aktuellen Lieblingssongs so sehr?

A Die Melodie ist einfach super, man kann gut zu dem Lied tanzen und ich will auch gern die ganze Welt sehen und viele Sprachen lernen. Und der Sänger ist so *cute*!

B Der Song macht fröhlich, man kann gut mitsingen. Das ist wichtig für mich, denn ich lerne selbst gerade Deutsch. Und er beschreibt genau meine Situation hier. Ich denke oft: „Ich versteh nichts, es tut mir leid!" Und das Lied hat eine positive *message*: Man kann sich auch ohne gemeinsame Sprache verstehen.

e Hört die Songs im Internet. Wie findet ihr sie? Notiert eure Eindrücke. Sprecht dann in Gruppen.

	„Je ne parle pas français"	„194 Länder"
Stil, Melodie		
Text		

f Arbeitet zu zweit. Lest je einen Steckbrief und stellt euch die Personen gegenseitig vor. Schreibt mit.

Mark Forster

geboren: 11.01.1983 in Kaiserslautern
Beruf: Sänger und Songwriter

Bekannter Song: „Übermorgen"
Sonstiges: trägt auf der Bühne immer eine Baseballmütze, seit 2020 verheiratet mit der Sängerin Lena Meyer-Landrut

Namika

geboren: 23.08.1991, Frankfurt am Main
Beruf: Sängerin und Rapperin aus der Hip-Hop-Szene

Bekannter Song: „Lieblingsmensch"
Sonstiges: In ihrem Leben soll es einen Lieblingsmenschen geben, aber wer das ist, sagt sie nicht.

Projekt Wählt eine der beiden Personen und einen Song aus. Überlegt: Wie könnt ihr diesen Song und die Person präsentieren? Wählt eine Textsorte: Plakat, Videoclip, Anzeige oder *social media post*. Gestaltet die Präsentation.

neununddreißig

Kleine Pause

Kopf oder Zahl?

Spieler/innen: zwei
Das braucht ihr: eine Münze und zwei Spielfiguren
So geht's: Werft abwechselnd die Münze und löst die Aufgaben. ★ Ergänzt das passende Wort. Manchmal sind mehrere Antworten möglich – seid kreativ! 😉
Viel Spaß!

Kopf   Geh zwei Schritte nach vorn.
Zahl   Geh einen Schritt nach vorn.
Richtig?   Du kannst bleiben.
Falsch?   Geh einen Schritt zurück.

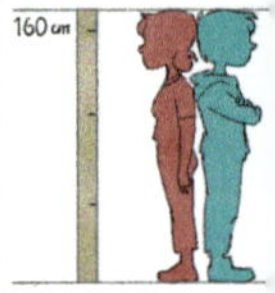

20 Jule ist ★ als Tim. Tim ist nicht ★ schnell ★ Jule.

19 Jule ist ★ groß ★ Tim. Tim und Jule sind ★ groß.

21 Wie heißen die anderen beiden Formen?
gut – besser
gern – ★
viel – ★

6 Geh zurück zum Start – sorry!

22 Setz eine Runde aus!

7 Was möchtest du werden? Warum?

23 Wähl aus und mach ein Kompliment.
A) Ich finde es cool, dass du …
B) Du kannst super …
C) Du siehst heute … aus!

8 Was sind deine Wünsche und Pläne? Ergänz den Satz.
Ich hoffe, dass ich in 5/10/20 Jahren ★.

Ziel

9 Ordne die Wörter.
Jule – Psychologin – werden – möchte – weil – findet – den Beruf – interessant – sie.

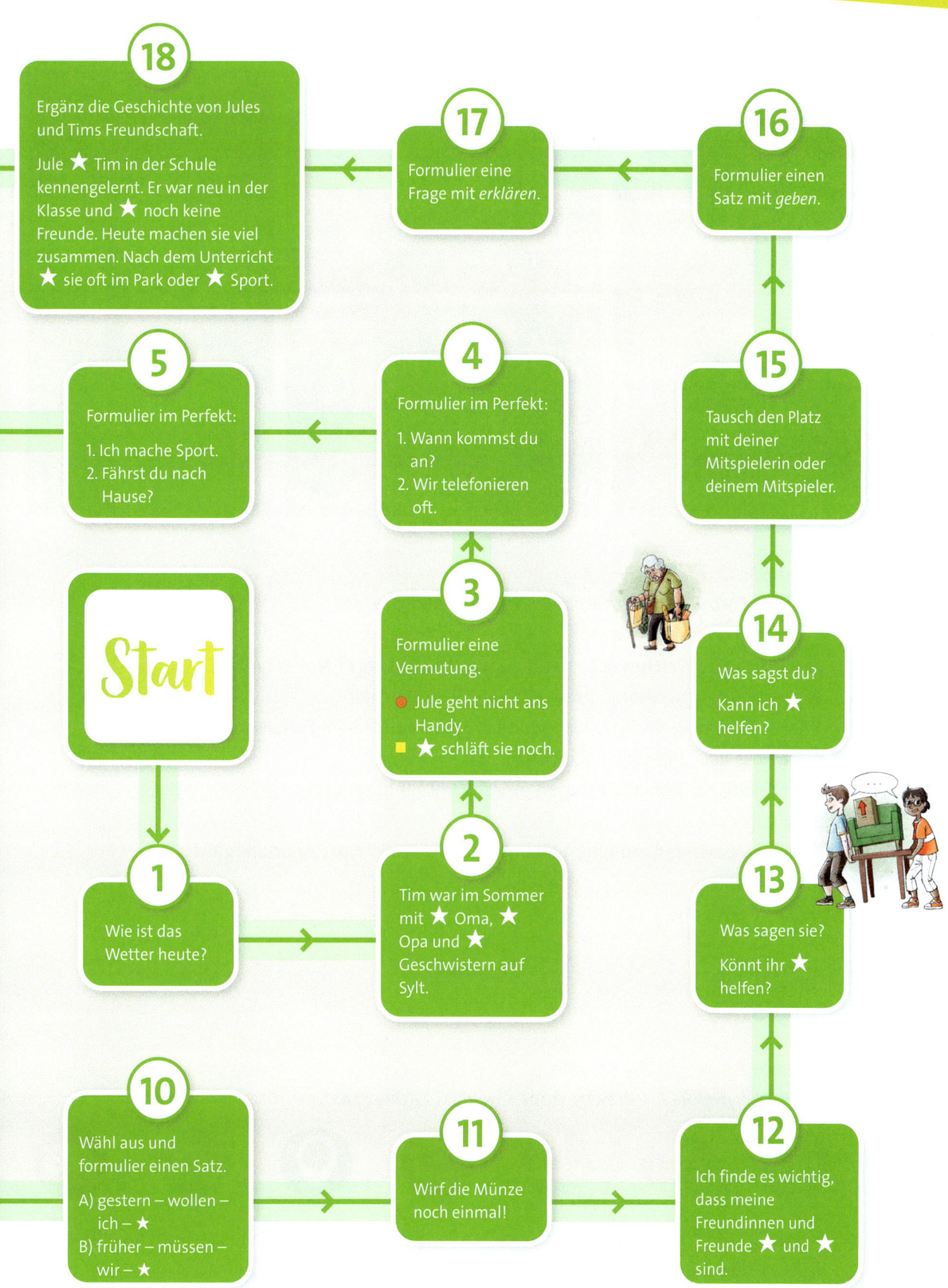

4 Bist du online?

1 Medien

a Seht die Fotos an. Was seht ihr? Was machen die Leute?

b Lest die Sätze. Welches Foto passt zu welcher Aussage? Notiert A bis D.
Okay, jetzt geht's los. Seid ihr bereit? 3 – 2 – 1 – Lächeln!
Wir konnten nicht ins Stadion, aber das Spiel läuft live im Fernsehen.
Mein Post hat schon über 40 Likes!
Alle Plakate hängen! Für morgen müssen wir mehr drucken.

40 🔊 **c** Welche Medien nutzen Jugendliche in der Schweiz? Hört zu und ergänzt die Prozentzahlen.

_95%_ Messenger-Apps   _____ Videostreaming   _____ Handy-Spiele

_____ Handy   _____ Fernsehen   _____ E-Mail

2 Unsere Apps

a Seht die Symbole an. Welche Apps sind das? Ordnet zu.

A   B   C   D   E   F   G

das Navi   der Musikplayer   die Messenger-App   der Kalender
die Suchmaschine die Spiele-App   die Streaming-App

42 zweiundvierzig

b   Was kann man mit den Apps aus a machen?

> Mit der Suchmaschine kann man im Internet Informationen suchen.

c   Welche Apps nutzt ihr im Alltag und wie oft? Macht eine Tabelle im Heft.

täglich	oft	manchmal	nie

d   Phonetik: englische Wörter im Deutschen. Hört zu und sprecht nach. Gibt es diese Wörter in eurer Sprache? Wie spricht man sie aus? Vergleicht.

der Laptop • der Computer • das Smartphone • die App • die Streaming-App •
die Messenger-App • die Mailbox • Fotos posten • mit Freunden chatten • online sein

3   Klassenstatistik

a   Was macht ihr jeden Tag mit dem Handy? Was nur manchmal oder nie?

telefonieren • Nachrichten schreiben • Musik hören •
Videos sehen • Videos aufnehmen • Selfies machen •
neue Kontakte speichern • alte Fotos löschen • chatten •
als Taschenlampe benutzen • den Akku aufladen •
den Flugmodus aktivieren • ...

> **Tipp**
> Aktiviert zum Lernen den Flugmodus! So könnt ihr euch besser konzentrieren.

niemand
nur wenige
manche / einige
viele
die meisten
alle

b   Bildet zwei bis vier große Gruppen und macht eine Statistik zu den Aktivitäten aus a.

c   Sprecht in der Klasse über eure Ergebnisse.

> In unserer Gruppe machen einige jeden Tag Selfies.

> Bei uns hören die meisten mit dem Handy Musik, aber nur wenige ...

d   Welche Medien und Apps braucht ihr unbedingt? Welche sind nicht so wichtig für euch? Tauscht euch aus.

> Ich brauche unbedingt die Suchmaschine. Ich benutze sie oft für die Hausaufgaben.

Das lerne ich: über Medien sprechen • sagen, was passiert, wenn ... • sagen, was man darf und nicht darf • sagen, was jemand tun soll • ein Interview führen

4 Bist du online?

4 Bilder und Töne

a Seht die Medien und Geräte an. Was nutzt ihr?

die Mailbox	der Anrufbeantworter	der Brief	die E-Mail
die Zeitschrift	die Homepage	der Fotoapparat	das Smartphone
das Fernsehen	das Videostreaming	der Fernseher	das Radio
das Schwarze Brett	das soziale Netzwerk	die Schreibmaschine	der Drucker
das Festnetztelefon	das Mobiltelefon	der USB-Stick	die Cloud

b Wählt zwei Dinge aus **a** aus und vergleicht sie.

> *Mit dem Mobiltelefon kann man draußen telefonieren, Nachrichten und Dateien schicken. Das Festnetztelefon funktioniert nur für Anrufe zu Hause.*

c Hört den Podcast. Welche Medien und Geräte aus **a** nutzen José und Farid?

> *Farid benutzt …*

d Hört noch einmal. Richtig oder falsch? Kreuzt an.

	Richtig	Falsch
1. José und Farid nehmen ihren Podcast in der Schule auf.	☐	☐
2. Man bekommt eine Nachricht, wenn die beiden eine neue Podcast-Folge hochladen.	☐	☐
3. Sie chatten oder telefonieren, wenn sie den Podcast planen.	☐	☐
4. Farid und sein Vater sehen oft zusammen fern.	☐	☐
5. Wenn José Informationen und Nachrichten über seine Stadt finden will, liest er die Zeitung.	☐	☐
6. Der Lautsprecherwagen informiert über das Wetter.	☐	☐

der Lautsprecherwagen

43 🔊 **e** Was passt wo? Ordnet zu. Hört zur Kontrolle und markiert die Verben.

Ihr	bekommt		
Das Schulradio	läuft		
	muss	José	

| das Mikrofon ausmachen. | eine Nachricht, | wenn es eine neue Folge gibt. |
| Wenn der Lautsprecherwagen vorbeifährt, | jeden Tag, | wenn wir Hofpause haben. |

f Sagen, was passiert, wenn … Ergänzt und kreuzt an.

Denk nach!

Nebensätze mit *wenn*

José muss das Mikrofon ausmachen, <mark>wenn</mark> der Lautsprecherwagen vorbeifährt.
<mark>Wenn</mark> der Lautsprecherwagen _____ , _____ José das Mikrofon ausmachen.

- **Wer?** ■ José.
- **Was?** ■ _____ ausmachen.
- **Wann?** ■ <mark>Wenn</mark> _____.

| Im Nebensatz mit *wenn* steht das Verb ☐ auf Position 2. ☐ am Ende. | Das Komma setzt man immer zwischen ☐ *wenn* und einem Verb. ☐ Haupt- und Nebensatz. |

g Tauscht euch aus und vergleicht.

Was macht ihr, …
wenn ihr nach Hause kommt?
wenn ihr euer Ladekabel verliert?
wenn ihr ein Passwort vergessen habt?
wenn euer Drucker nicht funktioniert?
wenn jemand eine Nachricht nicht beantwortet?
wenn ihr ein gutes Zeugnis bekommt?

Wenn ich nach Hause komme, spiele ich mit meinem Hund. Und du?

4 Bist du online?

5 Schulaktion

a Seht das Bild im Zeitungsartikel an. Welcher Titel passt?

Zusammen gegen Cybermobbing

Offline schläft man besser

Viele lachen, einer ist verletzt: Für viele Jugendliche ist das der Alltag in der Schule. Sie haben oft auch im Internet keine Ruhe. Was macht man bei Mobbing? Das ist ein Thema im Fach „Soziales Lernen" an der Deutschen Schule Seoul. Mit ihrer Lehrerin Kim Mi-Suk organisiert die sechste Klasse verschiedene Aktionen für die Projektwoche an der Schule. Sie findet jedes Jahr im Oktober statt.

Einige Schülerinnen und Schüler von Frau Kim programmieren eine spezielle App. Sie soll Mobbing in Nachrichten und Kommentaren erkennen und automatisch löschen. Eine andere Gruppe macht digitale Animationen mit Komplimenten. „Es hat viel Spaß gemacht. Jetzt hoffen wir, dass alle in der Schule die Animationen in ihren Messenger-Apps benutzen", sagt der Schüler Do-Jun Hühning. Er selbst nutzt sie schon.

Kim Mi-Suk erklärt: „Die Idee ist, dass man die guten Seiten aller Menschen sieht und ihnen sagt, dass sie toll sind." Seit zwei Jahren unterrichtet sie das Fach „Soziales Lernen" und sagt, dass die Schülerinnen und Schüler jetzt selbstbewusster sind und weniger Probleme mit Mobbing haben.

b Lest den Zeitungsartikel und überprüft eure Antwort aus **a**.

c Lest zuerst die Aufgaben. Lest dann den Text noch einmal und kreuzt an.

1. Im Oktober …
   - ☐ gibt es Aktionen gegen Mobbing.
   - ☐ bleibt die Schule geschlossen.
   - ☐ gab es noch nie eine Projektwoche.

2. Im Fach „Soziales Lernen" …
   - ☐ spricht man über Mobbing.
   - ☐ sind Medien kein Thema.
   - ☐ unterrichtet Herr Hühning.

3. Eine neue App …
   - ☐ informiert über Mobbing.
   - ☐ macht digitale Animationen.
   - ☐ hilft gegen Cybermobbing.

4. Do-Jun …
   - ☐ benutzt keine Messenger-Apps.
   - ☐ geht in Frau Kims Klasse.
   - ☐ findet die Aktion blöd.

5. In der Klasse von Frau Kim …
   - ☐ gibt es heute mehr Mobbing als früher.
   - ☐ gibt es nicht mehr so viel Mobbing.
   - ☐ gibt es keine Probleme.

Lest genau!

6 Copy & Paste

a Seht den Comic an. Welche Medien benutzen die Figuren?

b Erfindet einen anderen Schluss für die Geschichte: Was können die Jugendlichen besser machen?

c Schreibt Sätze mit *dürfen* wie im Beispiel.
1. man • in meiner Schule • das Handy anmachen
2. ihr • in der Bibliothek • im Internet surfen
3. ich • die Hausaufgaben • per Mail abgeben
4. du • das Buch • kostenlos herunterladen
5. wir • im Unterricht • nicht chatten

Heute darf man in meiner Schule das Handy anmachen. Früher durfte man das nicht.

dürfen		
	Präsens	Präteritum
ich	darf	durfte
du	darfst	durftest
man	darf	durfte
wir	dürfen	durften
ihr	dürft	durftet
sie	dürfen	durften

d Was dürft ihr heute, aber früher nicht? Und was durftet ihr früher und heute nicht mehr? Tauscht euch aus und berichtet.

7 Nettiquette

Stellt euch vor, eure Klasse hat eine Gruppe in der Messenger-App. Schreibt einen Text für das Gruppenprofil. Was darf man in der Gruppe, was darf man nicht?

Fotos weiterleiten   Lügen verbreiten   andere beleidigen   …

4 Bist du online?

8 Perfekte Snaps

a Seht die Fotos aus einem sozialen Netzwerk an. Was denkt ihr: Was wollen die Leute zeigen? Wer soll das sehen? Warum?

A

B

C

b Lest die Sätze. Hört dann den Podcast in Abschnitten. Was sagen die Personen hinter dem Rauschen? Ordnet die Aussagen. Notiert 1 bis 5.

☐ Merkt ihr, dass die Leute immer ihre besten Momente posten?
☐ Ihr macht das echt gut!
☐ Ich mag es, wenn sie meine Posts ansehen und kommentieren.
☐ Wenn ich eine Nachricht schicke, soll der Empfänger mir sofort antworten.
☐ Das ist nicht wahr!

c Hört jetzt das ganze Interview und kontrolliert eure Lösung zu **b**.

d Lest die Sätze. Hört dann das Gespräch weiter und korrigiert sie.

Vanessa spielt Volleyball im Badezimmer, weil sie da kein Internet hat. Wenn ihr Team ein Spiel gewinnt, weint sie im Bad und macht Selfies im Keller.

e Welches Bild aus **a** passt zum Interview?

f Lest die Interviewfragen. Was antwortet Vanessa? Spielt den Dialog mit euren eigenen Worten nach.

1. Bist du in sozialen Netzwerken aktiv?
2. Macht es immer Spaß?
3. Wie lange bist du jeden Tag online?
4. Bekommst du viele Likes?
5. Welche negativen Seiten haben soziale Medien?
6. Postest du nur schöne und lustige Fotos?
7. Postest du Fotos beim Sport?
8. Was machst du, wenn dein Team verliert?

> Bist du in sozialen Netzwerken aktiv?

> Nicht so viel, aber ...

9 Bei Farid

a Hört das Gespräch. Was sagt die Mutter? Was sollen Farid und Tarik machen?

Farid soll die Spülmaschine ausräumen. Er soll ...

Farid und Tarik sollen ...

b Ergänzt die Verbformen im Kasten.

Denk nach!

sollen			
ich	soll	wir	sollen
du	soll__	ihr	soll____
er/sie	____	sie/Sie	____

c Stellt euch die Situationen 1-6 in Farids Familie vor. Spielt kurze Dialoge.

1. ● Farid, gib mir meinen Kopfhörer zurück.
2. ■ Tarik, lass mich in Ruhe.
3. ● Farid, mach dein Interview fertig und hilf mir bitte.
4. ■ Bitte probiere das neue Ladekabel.
5. ● Kannst du meinen Laptop schließen?
6. ■ Das Licht ausmachen, bitte.

Farid, gib mir meinen Kopfhörer zurück.

Sorry, was hast du gesagt?

Ich habe gesagt, dass du ... sollst.

10 Bei Vanessa

a Seht Vanessas Post an und schreibt die Kommentare zu Ende. Schreibt ins Heft.

♡ ○ ⊳
Vanessa01: Stress im digitalen Schlaraffenland

1. Was? Darfst du wirklich ...
2. Ich kenne das. Ich soll auch ...
3. Meine Eltern sagen auch, dass ...
4. Die meisten Eltern erlauben nicht, dass ...
5. Bei uns zu Hause sollen wir auch ...

b Welche Medien-Regeln gibt es bei euch in der Familie? Sprecht in der Klasse.

Projekt

Ein Interview

Wählt ein bis zwei Themen aus. Plant und führt zu zweit ein Interview. Nehmt es auf oder präsentiert es vor der Klasse.

Medien im Alltag • Cybermobbing • soziale Netzwerke • digitaler Stress • Regeln im Internet

4 Bist du online?

11 Stress im digitalen Schlaraffenland

a Seht das Foto an und beschreibt. Was machen Amalia und Marwin?

b Was vermutet ihr, wer ist hier …? Seht den Vlog und kontrolliert eure Vermutungen.

                entspannt   frustriert   nervös   konzentriert

Amalia

Marwin

c Wer sagt was? Verbindet.

Ich habe im Internet eine Studie gefunden.

Ich habe tausend Nachrichten geschrieben, aber er schreibt nicht zurück.

Man muss nicht immer gleich antworten.

Digitale Medien sind praktisch, aber sie bringen auch Probleme.

d Seht den Vlog noch einmal ab 02:24. Was nervt die Jugendlichen? Kreuzt an.

1. Nina findet es nervig, wenn alle …   nur schöne Fotos posten.
                                             ein perfektes Leben haben.
2. Jonas' beste Freundin will nicht mehr …   chatten.   ausgehen.
3. Hannes' Eltern haben abends …   keine Ruhe.   kein Smartphone.
4. Jana kann heute …   nicht mehr online sein.   besser leben.

e Digitale Medien: Was macht euch Spaß? Was nervt euch? Schreibt auf Kärtchen. Tauscht sie aus und besprecht, wie ihr das findet.

Das kann ich jetzt

Über Medien sprechen
Mein Post hat schon über 40 Likes!
Das Spiel läuft live im Fernsehen.
In unserer Gruppe machen einige jeden Tag Selfies.

Sagen, was passiert, wenn ...
José muss das Mikrofon ausmachen, wenn der Lautsprecherwagen vorbeifährt.
Man bekommt eine Nachricht, wenn es eine neue Podcast-Folge gibt.
Was macht ihr, wenn euer Drucker nicht funktioniert?

Sagen, was man darf und nicht darf
Heute darf man in meiner Schule das Handy anmachen.
Früher durfte man das nicht.

Sagen, was jemand tun soll
Du sollst die Spülmaschine ausräumen.
Die Mutter sagt, dass Farid die Spülmaschine ausräumen soll.

Außerdem kann ich ...
- ein Interview führen

Phonetik
- englische Wörter aussprechen

Grammatik kurz und bündig

Die Modalverben *dürfen* und *sollen*

	dürfen (Präsens)	dürfen (Präteritum)	sollen (Präsens)
ich	darf	durfte	soll
du	darfst	durftest	sollst
er/es/sie/man	darf	durfte	soll
wir	dürfen	durften	sollen
ihr	dürft	durftet	sollt
sie/Sie	dürfen	durften	sollen

Kommst du zu Tims Party?

Nein, ich darf nicht. Meine Eltern sagen, ich soll für die Mathearbeit lernen.

Nebensätze mit *wenn*

Hauptsatz: Verb auf Position 2
Man bekommt eine Nachricht,
Was macht ihr,

Nebensatz: Verb am Ende
wenn es eine neue Podcast-Folge gibt.
wenn euer Drucker nicht funktioniert?

Wann bekommt man eine Nachricht?

Wenn es eine neue Podcast-Folge gibt.

5 Zusammen sind wir stark

1 Zusammen leben

a Seht die Fotos an. Wo sind die Personen und was machen sie zusammen? Wo seid ihr mit anderen zusammen?

b Hört oder lest den Text. Welche Fotos von oben passen?

🔒 primablogspot.de

ZUSAMMENLEBEN an der CARL-STREHL-SCHULE

Die Carl-Strehl-Schule ist ein Gymnasium in Marburg. Das Zusammenleben hier ist sehr vielfältig und das Thema Inklusion ist uns besonders wichtig. Bei uns lernen Jugendliche mit und ohne Sehbehinderung gemeinsam – von Klasse 5 bis zum Abitur. Viele kommen aus ganz Deutschland und wohnen hier in Marburg in Wohngruppen. In jeder Wohngruppe wohnen vier bis acht Personen. Bei uns lernen sie die üblichen Schulfächer wie Mathe, Deutsch, Fremdsprachen usw. Außerdem bieten wir an: Unterricht in Blindenschrift, Arbeit am Computer, lebenspraktische Fähigkeiten wie Einkaufen, Putzen, Kochen und Mobilität (z. B. Wie komme ich jeden Tag zur Schule?). Jede Schülerin und jeder Schüler kann auch an vielen Freizeitaktivitäten teilnehmen: Man kann verschiedene Sportarten machen, im Chor singen, in der Schulband spielen oder bei unserer Theater-AG mitmachen. So wird jeder Tag interessant und das Zusammenleben macht Spaß.

c Lest den Text noch einmal. Unterstreicht die Antworten zu den Fragen.
1. Welches Thema ist wichtig für die Schule?
2. In welcher Stadt liegt die Schule?
3. Welche Fächer bietet sie an?
4. Welche AG gibt es?

d Ergänzt den Kasten. Die Fragen in **c** helfen. Stellt euch dann weitere Fragen zum Text.

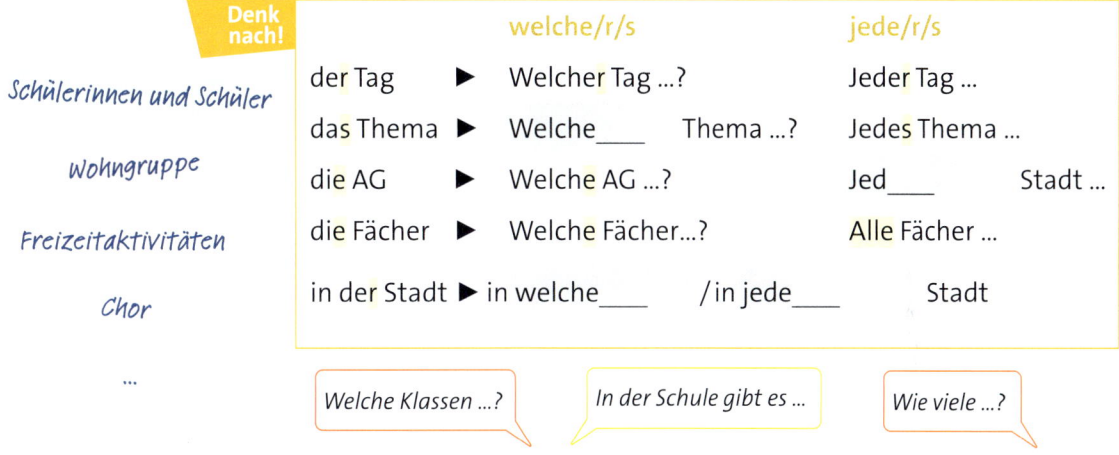

Schülerinnen und Schüler

Wohngruppe

Freizeitaktivitäten

Chor

...

Welche Klassen ...?   In der Schule gibt es ...   Wie viele ...?

2 Das finde ich wichtig

53 🔊 **a** Über welche Themen spricht Katha? Hört zu und kreuzt an.

zusammen wohnen   lernen   Sport   kochen und essen
shoppen gehen   putzen   Party machen   Schule

54 🔊 **b** Richtig oder falsch? Hört weiter und kreuzt an. Hört dann noch einmal und korrigiert die falschen Aussagen. Vergleicht zu zweit.

                                                                                                Richtig   Falsch

1. Ich habe gern Zeit für mich. Mir ist wichtig, dass die anderen das respektieren.
2. Zusammen Spaß haben ist wichtiger als Regeln.
3. Ich fahre jeden Tag allein mit dem Bus zur Schule.
4. Es ist wichtig, dass jeder hilft.
5. Ich spiele Fußball. Beim Sport ist wichtig, dass alle fair sind.

c Wählt einen Ort aus. Was macht ihr da mit anderen zusammen? Wie findet ihr das? Macht Notizen und tauscht euch aus.

zu Hause
in der Schule
beim Sport
...

Zu Hause sehen wir oft Serien zusammen. Das mag ich.

Wie cool! Meine Eltern mögen keine Serien. Aber wir ...

Das lerne ich: über das Zusammenleben sprechen • über Gefühle sprechen • streiten und Kompromisse finden • Regeln formulieren • meine Meinung äußern

5 Zusammen sind wir stark

3 Wie fühlst du dich?

a Seht die Bilder an und hört den Dialog. Welches Bild passt?

A

B

b Hört noch einmal. Welche Reaktionen passen zu welchen Sätzen? Verbindet.

1. Ich bin total glücklich.
2. Ich bin echt sauer!
3. Das ist doch nicht so schlimm.
4. Ich ärgere mich, wenn ich alles selbst machen muss.

- Doch, ich finde das schlimm.
- Oh, schön. Ich freue mich für dich.
- Jetzt übertreibst du aber!
- Ach komm, reg dich nicht auf.

c Phonetik: Hört den Dialog aus b und sprecht nach. Achtet auf die Intonation.

d Wie fühlt ihr euch heute? Tauscht euch aus.

Wie fühlst du dich?   *Ich fühle mich super/gut/schlecht.*   *Ich bin glücklich/traurig/sauer.*

4 In der Wohngruppe

a Hört oder lest die Texte. Wer berichtet von welchen Gefühlen? Notiert L für Leo und T für Tekla.

🔒 primablogspot.de

Leo, 13: Ich bin neu in Marburg. Ich wohne erst seit zwei Wochen hier und fühle mich noch unsicher: Alle kennen sich, nur ich bin neu. Ich war noch nie allein so weit weg von zu Hause. Das ist aufregend, aber ich vermisse auch oft meine Eltern. Dann höre ich Musik und ruhe mich aus. Das Gute an der WG ist, dass man sich nie einsam fühlt. Wir sind acht Leute. Es ist immer jemand da und fragt: „Fühlst du dich nicht gut? Möchtest du reden?" So lernen wir uns langsam besser kennen. Ich finde es auch praktisch, dass wir im Stadtzentrum wohnen. Ich freue mich, dass ich den Platz am Carl-Strehl-Gymnasium und in der WG bekommen habe.

Tekla, 15: Ich wohne seit drei Jahren in der Wohngruppe und fühle mich hier sehr wohl. Die WG ist mein Zuhause und ich verstehe mich super mit meinen Mitbewohnerinnen und Mitbewohnern. Aber natürlich gibt es auch bei uns Probleme: Jeder ärgert sich, wenn er sich um den Haushalt kümmern muss – z. B. putzen. Ich rege mich oft auf, wenn jemand Essen macht und dann die Küche nicht aufräumt. Deswegen streiten wir uns manchmal, aber wir vertragen uns immer schnell wieder. Eins ist sicher: Wir langweilen uns fast nie!

1. Wir streiten uns über den Haushalt.
2. Ich freue mich, dass ich hier bin.
3. Ich fühle mich nicht einsam.
4. Ich fühle mich hier wohl.
5. Ich bin noch unsicher.
6. Ich verstehe mich mit allen super.

b Spielt Interviews mit Leo und Tekla. Die Sätze 1–6 in **a** helfen.

Fragen an Leo:
Wie fühlst du dich in Marburg?
Bist du manchmal einsam?
Bist du gern in der WG? Warum (nicht)?

Fragen an Tekla:
Wie fühlst du dich in der WG?
Versteht ihr euch gut in der WG?
Wann und warum gibt es Streit?

> Tekla, wie fühlst du dich in der WG?

> Ich fühle mich ...

c Ergänzt die Reflexivpronomen im Kasten. Die Sätze und Fragen in **a** und **b** helfen.

Denk nach!

Reflexivpronomen		
Ich freue _____.	**Wir** streiten _____ oft.	
Wie fühlst **du** _____?	Versteht **ihr** _____ gut?	
Er ärgert sich.	**Sie** kennen sich gut.	Merkt euch: 3. Person = sich.

5 Wenn ich mich freue, ...

Was machst du, wenn ...? Fragt euch gegenseitig und antwortet.

> Was machst du, wenn du dich freust?

> Wenn ich mich freue, singe ich laut.

Wenn ich mich ärgere/freue, dann ...
Wenn ich glücklich/traurig bin, dann ...
Ich fühle mich gut/schlecht, wenn ...
Ich fühle mich nicht so gut, wenn ...

Eis essen • laut singen • mit Freunden telefonieren • mit niemandem reden • Party machen • allein sein • tanzen • weinen • laut lachen • ...

fünfundfünfzig 55

5 Zusammen sind wir stark

6 Streit unter Freunden und in der Familie

a Seht die Bilder an. Welche Situationen kennt ihr? Ordnet die Dialoge zu.

in der Kantine · vor dem Bad · auf dem Schulhof

- ● Beeil dich, ich will auch duschen!
- ■ Pech, ich war zuerst da!
- ● Warst du gar nicht!

- ● Lässt du mich vor?
- ■ Nö, stell dich hinten an! Jetzt bin ich dran.

- ● Ey, was soll das? Wirf deinen Müll in den Mülleimer!
- ■ Das ist nicht mein Müll.

b Hört den Dialog. Was ist das Problem?

c Phonetik: Hört noch einmal und lest mit. Unterstreicht die betonten Wörter. Lest dann die Szene zu zweit szenisch vor.
- ● Beeil dich, ich will auch duschen!
- ■ Pech, ich war zuerst da!
- ● Warst du gar nicht. Ich war schon vor fünf Minuten da und habe meine Sachen hier hingelegt. Also war ich zuerst da.
- ■ Nö, deine Sachen waren hier, nicht du!
- ● Na und?
- ■ Nicht na und! Reservieren darf man nicht, sonst lege ich das nächste Mal abends meine Sachen hier hin und dann ist die Dusche für mich reserviert. Das ist doch blöd!
- ● Quatsch, ich habe die gerade eben hier hingelegt, nicht gestern Abend! Ich musste nur noch mein Shampoo holen.
- ■ Ja und jetzt ist die Dusche besetzt. Pech gehabt! Komm das nächste Mal früher!
- ● Ist ja gut, ist ja gut. Aber beeil dich!
- ■ Ich mach ja schon, keine Panik!

d Wählt eine Szene aus a. Schreibt einen neuen Dialog wie in c und spielt ihn vor.

Das stimmt gar nicht. • Lüg nicht! • Mach Platz! • Hör auf! • Na und? • Das geht dich nichts an. • Beeil dich! • Reg dich nicht so auf! • Auf keinen Fall! • Spinnst du? • Das ist nicht fair. • Das ist gemein von dir. • Tut mir leid. • Das war keine Absicht. • Ich mache es nicht wieder. • …

7 Streit und dann?

a Seht euch den Flyer an. Von wem ist er? Was glaubt ihr: Was macht die AG?

Streit in der Schule? Was tun?

Es kann immer mal Konflikte geben, das ist ganz normal. Wichtig ist, dass wir sie schnell lösen, uns für Fehler entschuldigen und ein gutes, mobbingfreies und faires Zusammenleben fördern!
Habt ihr Probleme mit einer anderen Klasse oder Clique?
Wollt ihr einen Streit lösen und wisst nicht, wie?
Wir helfen euch!

Wir sind für euch da: Wann?
Jede große Pause &
jeden Mittwoch in der 7. Stunde

Wo?
Im Mediationsraum, 2. Stock

Mailt uns: mediationsag@bsp.de

Verständnis · Kommunikation · Toleranz · Empathie · Respekt · Kompromiss
Zusammen sind wir stark.

b Erklärt einem Freund, der kein Deutsch versteht, was die AG macht.

c Hört das Gespräch. Wer hat Streit? Warum? Was ist die Lösung?

d Hört noch einmal. Wer sagt was? Notiert L für Lara, M für den Mediator und A für Alex.
Also, was ist das Problem? Möchtest du anfangen?
Ich bin total traurig.
Wie sieht das Problem für dich aus?
Ich bin böse.
Stimmt das?
Ich finde das total gemein von dir.
Tut mir leid.
Es ist gut, dass du dich entschuldigst.
Nimmst du die Entschuldigung an?
Habt ihr Ideen für einen einen Kompromiss?

e Versucht zu dritt, eure Streitszene aus 6d zu lösen.
Eine/-r ist Mediator/-in. Die Sätze in 7d helfen.

5 Zusammen sind wir stark

8 Eine Verabredung

a Ihr wollt zusammen ein Geschenk für eine Freundin kaufen. Findet einen Termin.

> Ich habe um ... Uhr Zeit. Du auch?

> Nein, von ... bis ... Uhr geht es leider nicht. Ich muss ... Aber kannst du um ... Uhr?

A

Samstag, 21. Mai

Zeit	
7:00	
8:00	*lange schlafen*
9:00	
10:00	
11:00	Fahrrad abholen!
12:00	
13:00	Essen bei Gabi
14:00	*Oma besuchen!*
15:00	
16:00	
17:00	
18:00	
19:00	
20:00	Kino 😊

B

Samstag, 21. Mai

Zeit	
7:00	
8:00	
9:00	
10:00	Mit Winni Gassi gehen!
11:00	
12:00	Im Garten helfen!
13:00	
14:00	
15:00	Basketball-Training
16:00	Basketball-Training
17:00	
18:00	*mit Freunden verabreden oder ausruhen*
19:00	
20:00	

b Was muss Lara? Was darf sie nicht? Ergänzt die Verben. Der Kasten hilft.

Hi Alex. Sorry, wir _____ unsere Verabredung verschieben. Ich _____ heute nicht mehr rausgehen.

Ich _____ noch meine Hausaufgaben machen.

Und ich _____ meiner Oma im Haushalt helfen.

Die Ärztin sagt, sie _____ nicht so viel machen.

> *müssen und nicht dürfen*
> Du **musst** deiner Oma helfen.
> Du **darfst nicht** rausgehen.

c Was dürft ihr zu Hause (nicht)? Was müsst ihr machen? Tauscht euch aus.

> Ich darf nach 20 Uhr nicht mehr rausgehen.

> Ich muss vor dem Abendessen mit den Hausaufgaben fertig sein.

> Ich muss manchmal ...

58 achtundfünfzig

9 Sind Regeln wichtig?

a Hört und lest das Gedicht. Was glaubt ihr, was will die Person?

> Ich darf nicht dies und darf nicht das!
> Ich muss dies und ich muss das!

> Ich will alles dürfen und nichts müssen!
> Ich will frei sein. Darf ich das?

b Was ist eure Meinung, sind Regeln für das Zusammenleben wichtig? Wann und wo braucht man (keine) Regeln? Tauscht euch aus.

> **eine Meinung äußern**
> Ich finde, ...
> Meine Meinung ist, dass ...
> Aber meinst du nicht, dass ...?

c Schaut euch das Bild an. Was ist hier los? Wie kann das Zusammenleben der Familie besser sein? Findet sechs Regeln. Notiert sie.

Alle ~~essen~~ sind darf nicht aufräumen Beim Essen ~~zusammen.~~
müssen helfen. und putzen. kommt muss mal in den Mülleimer. Alle
keine Handys erlaubt. Müll Jeder in die Küche. Der Hund im Haushalt

<u>Alle essen zusammen.</u>

d Wählt zu zweit ein Thema und erstellt eine Top-Liste mit den wichtigsten Regeln für ein gutes Zusammenleben.

in der Freundschaft   beim Sport   zu Hause   in der Schule   ...

> Welche Regeln sind für dich in einer Freundschaft wichtig?

> Ich finde, unter Freunden muss man ...

5 Zusammen sind wir stark

10 Zusammenleben

a Seht den Vlog bis 01:02. Beantwortet die Fragen.

Was möchte Amalia nach dem Abitur machen?

Warum machen Marwin und Amalia einen Test?

b Marwin und Amalia machen einen Test. Seht den Vlog weiter und kreuzt an.

Bist du fit für die WG?   Amalia   Marwin

Frage 1: Bist du gern mit anderen zusammen?
a) Ja, am liebsten 24 Stunden pro Tag!
b) Ja, manchmal.
c) Nein, ich bin lieber allein.

Frage 2: Wie wichtig sind Regeln in der WG?
a) Total wichtig! Ohne Regeln gibt es Chaos.
b) Manche Regeln sind wichtig, aber man braucht keine Regeln für alles.
c) Nicht wichtig. Eine gute WG funktioniert auch ohne feste Regeln.

Frage 3: Wie ordentlich bist du?
a) Naja, es geht so. Nicht superordentlich und nicht superchaotisch.
b) Leider überhaupt nicht.
c) Ordnung ist mein zweiter Vorname!

Frage 4: Wie sieht das perfekte WG-Leben für dich aus?
a) Ich brauche nur ein Bett, alles andere ist egal.
b) WG-Partys ohne Ende!
c) Wir verstehen uns gut und können alles zusammen machen, müssen aber nicht.

Frage 5: Streit in der WG – was machst du?
a) Ich streite mich nie.
b) Ich rede mit der Person und wir finden eine Lösung.
c) Ich gehe in mein Zimmer und rede nicht mehr mit der Person.

c Jetzt ihr: Macht den Test und vergleicht eure Antworten. Wer ist fitter für eine WG?

Das kann ich jetzt

Über das Zusammenleben sprechen
Zusammen Spaß haben ist wichtiger als Regeln.
Es ist wichtig, dass jeder hilft.
Beim Sport ist wichtig, dass alle fair sind.

Über Gefühle sprechen

Wie fühlst du dich?   *Ich fühle mich super/gut/schlecht.*   *Ich bin glücklich/traurig/sauer.*

Ich fühle mich gut/schlecht, wenn ich allein bin.
Wenn ich mich ärgere/freue, telefoniere ich oft mit Freunden.

Streiten und Kompromisse finden
● Ey, was soll das? Wirf deinen Müll in den Mülleimer!
▪ Das ist nicht mein Müll!
● Lüg nicht!
▪ Okay, okay. Tut mir leid! Ich mache es nicht wieder.

Regeln formulieren
Alle müssen im Haushalt helfen. Jeder muss mal aufräumen und putzen.
Der Hund darf nicht in die Küche.

Außerdem kann ich …
• meine Meinung äußern

Phonetik
• auf eine passende Intonation achten

Grammatik kurz und bündig

welche/r/s und jede/r/s

der Tag	→	Welcher Tag …?	Jeder Tag …
das Thema	→	Welches Thema …?	Jedes Thema …
die Stadt	→	Welche Stadt …?	Jede Stadt …
die Fächer	→	Welche Fächer …?	Alle Fächer …

Merkt euch: Die Endung ist die gleiche wie beim bestimmten Artikel.

Reflexivpronomen
Reflexive Verben wie *sich freuen*, *sich ärgern*, *sich kennen* etc. haben ein Reflexivpronomen.

Ich freue mich.   Wir freuen uns.
Du freust dich.   Ihr freut euch.
Er/Sie freut sich.   Sie freuen sich.

müssen vs. nicht dürfen
Ich muss zuerst meine Hausaufgaben machen. Ich darf jetzt nicht rausgehen.

6 Voll im Trend

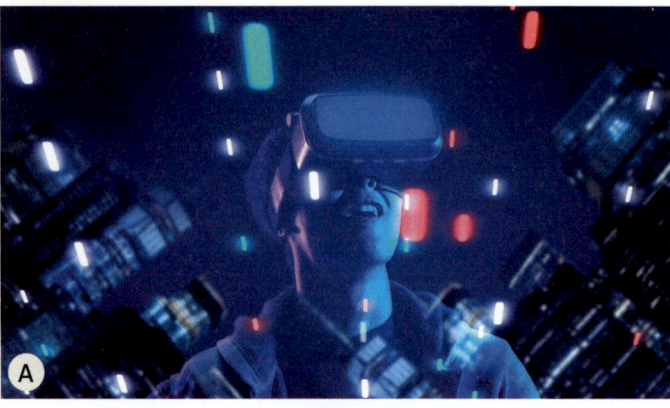

1 Das mag ich

a Seht die Fotos an. Was seht ihr? Wie findet ihr das?

b Hört oder lest die vier Texte. Welcher Text passt zu welchem Foto?

Magst du Trends?

Trends sind mir egal. Ich mache mein eigenes Ding. Ich mag bunte Farben und umweltfreundliche Mode. Deshalb finde ich meine gelbe Mütze so cool. Sie sieht stylisch aus und ist umweltfreundlich. Das ist mir wichtiger als Trends. *Andrea, 13 Jahre*

Ich liebe Strategiespiele. Ich spiele mit meinen Freundinnen und Freunden jetzt ein spannendes Spiel: *Mondo*, mit VR-Brille. Das ist voll im Trend. Es ist ein ganz neues Spiel. Wir sehen auch Spiele im Livestream. *Linus, 13 Jahre*

Ich mag meinen kleinen Hund Woody. Er ist ein kleiner und total lieber Hund. Bei Tieren gibt es ja so viele Trends – heute wollen alle einen Chihuahua haben und morgen einen Dalmatiner. Aber ich finde, dass Trends Blödsinn sind. *Paul, 14 Jahre*

Ich finde neue Trends meistens lustig. Wenn ich etwas Cooles sehe, probiere ich es gleich aus. Im Moment sind blaue Haare total trendy. Meine Eltern finden blaue Haare hässlich. Aber ich finde meine blauen Haare schön. *Stella, 14 Jahre*

c Hört oder lest die Texte noch einmal. Wer mag Trends, wer nicht?

d Was ist eure Meinung? Mögt ihr Trends? Sprecht in Gruppen.

2 Was gefällt euch?

a Was gefällt euch? Schreibt drei Sätze mit den Adjektiven und Nomen.

Mir gefallen bunte T-Shirts.

bunte • schwarze • kleine • große • lustige • moderne • spannende • romantische • wilde • dicke • dünne • günstige • warme

Klamotten • Haare • Videos • Lieder • Bücher • Handys • T-Shirts • Schuhe • Computerspiele • Mützen • Filme • Serien • Stiefel • Angebote

b Lest eure Sätze vor. Die anderen kommentieren.

Mir gefallen bunte T-Shirts.

Echt? Ich mag lieber schwarze T-Shirts.

c Lest die Texte links noch einmal, unterstreicht die Adjektive vor einem Nomen und ergänzt die Endungen im Kasten.

Denk nach! Adjektive nach dem indefiniten Artikel und dem Possessivartikel

Singular	ein Hund	ein Spiel	eine Mütze

Nominativ
Das ist ... ein klein____ Hund
kein klein**er** Hund

ein neu____ Spiel   eine gelb**e** Mütze
kein neu**es** Spiel   keine gelb**e** Mütze

Akkusativ   einen klein**en** Hund
Ich mag ...   keinen klein**en** Hund

Plural   – Haare
Das sind ... – blau____ Haare
Ich mag ... keine blau**en** Haare

Die Endungen nach mein, dein etc. sind genauso wie die Endungen nach kein.

d Welche Trends gibt es bei euch? Sammelt. Welche Trends gefallen euch, welche nicht? Präsentiert das Ergebnis in der Klasse.

Das lerne ich: sagen, was mir gefällt • Sachen und Personen beschreiben • über Kleidung sprechen und Kleidung kaufen • über eine Statistik sprechen

6 Voll im Trend

3 Deine Schwester sieht cool aus

a Hört das Gespräch. Wer ist es?

Jens · Paul · Tina · Sonia · Sophie

b Was trägt Tina? Hört zu und sprecht nach.

Das ist ein blauer Gürtel.   Sie trägt einen blauen Gürtel.

Das ist ein blauer, breiter Gürtel.   Sie trägt einen blauen, breiten Gürtel.

Das ist ein blauer, breiter, cooler Gürtel.   Sie trägt einen blauen, breiten, coolen Gürtel.

c Was tragen die anderen? Macht weiter wie in **b**.

1. eine Hose   schön   kurz   schwarz
2. ein T-Shirt   gelb   lang   cool
3. ein Rucksack   groß   schwer   blau
4. Sneakers   bequem   sportlich bunt

Die Adjektivendungen darf man nicht betonen, aber man muss sie hören.

● Das ist eine schöne Hose.
■ Paul trägt eine schöne Hose.
● Das ist eine schöne, kurze Hose.
■ Er trägt eine …

6

4 Wer ist es?

a Personen beschreiben. Macht eine Mindmap mit den Wörtern. Schreibt ins Heft. Manche Wörter passen mehrmals. Ergänzt weitere.

> groß • schwarz • glatt • lockig • blond • braun • grün • blau • grau • der Rock •
> die Hose • die Jeans • ~~das Kleid~~ • das T-Shirt • das Hemd • die Bluse • die Stiefel • orange •
> lila • lang • kurz • weit • eng • bequem • ~~kariert~~ • gestreift • gepunktet

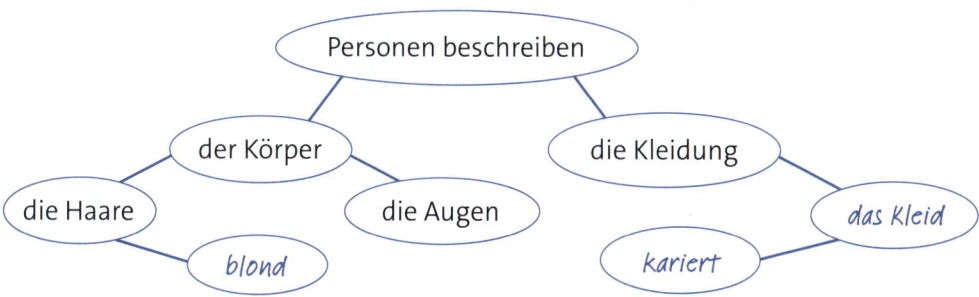

b Hört zu und ergänzt die Adjektive.

Jens ist ein _____ Typ und er sieht _____ aus. Er ist _____ und hat _____ Augen und _____, _____ Haare. Er trägt immer _____ Jeans, _____ Sneakers und _____ T-Shirts. Im Winter trägt er natürlich einen _____ Pullover.

Er ist sehr _____.

> **Tipp**
> Arbeitet mit Mindmaps, lernt Wörter in Wortfeldern.

c Wer ist es? Beschreibt eine Person von dem Foto. Schreibt auf einen Zettel. Tauscht die Zettel in der Klasse und lest sie vor. Die anderen raten.

Lina, Jess, Max, Mila, Aylin, Lio

> Meine Person hat lange blonde Haare. Sie trägt eine enge Jeans, ein hellblaues T-Shirt und graue Schuhe.

6 Voll im Trend

5 Das nehme ich!

a Was kauft ihr online? Was kauft ihr im Laden? Warum?

> T-Shirts kaufe ich lieber online, aber Schuhe im Laden.

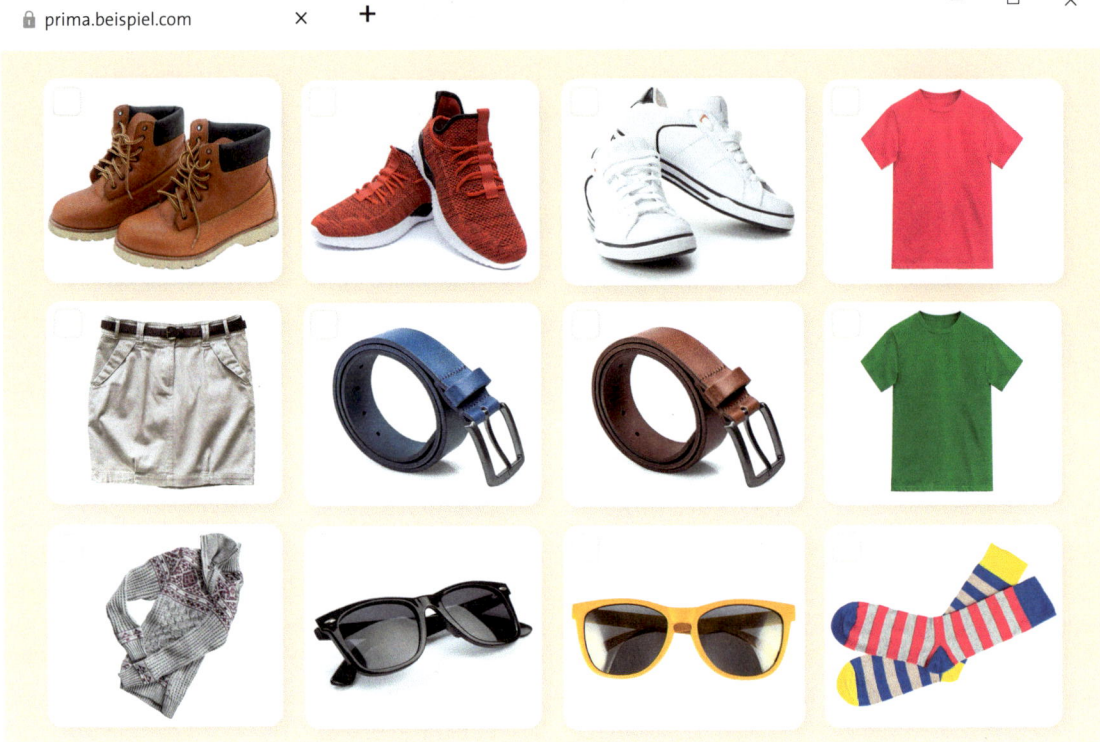

b Was kaufen Sarah und Paul? Hört zu und notiert: P für Paul und S für Sarah.

die weißen Sneakers   die roten Sneakers   den blauen Gürtel
die gelbe Sonnenbrille   das pinke T-Shirt   das grüne T-Shirt

c Lest die Antworten in b noch einmal und ergänzt den Kasten.

Denk nach!

Adjektive nach dem definiten Artikel

Singular   der Gürtel   das T-Shirt   die Brille

Nominativ
Mir gefällt …   der blaue Gürtel
das blau____ T-Shirt   die blau____ Brille

Akkusativ
Ich möchte …   den blau____ Gürtel

Plural
Mir gefallen …   die weiß____ Sneakers
Ich möchte …   die tollen Angebote

d Seht den Online-Shop links an. Fragt und antwortet wie im Beispiel.

Welches T-Shirt gefällt dir besser? Das pinke oder das grüne? *Mir gefällt das grüne T-Shirt besser. Und dir?*

6 Das Paket ist da

a Lest die Fragen 1 bis 5. Hört dann die fünf Gespräche und kreuzt an: A, B oder C.

1. Wann treffen sich Paul und Sarah?

A B C

2. Welches T-Shirt steht Paul?

A B C

3. Welches Kleidungsstück passt Paul gut?

A B C

4. Was gefällt Sarah am besten?

A B C

5. Was möchte Sarah zurückschicken?

A B C

b Kleidung kaufen. Spielt Einkaufsdialoge wie in **a**. Was gefällt euch?

Wie steht mir der / das / die …? … steht dir super / nicht so gut.
Wie findest du den / das / die …? … ist cool, aber … ist noch besser.
Wie passt dir der / das / die …? … ist zu groß / klein / weit / eng.

siebenundsechzig **67**

6 Voll im Trend

7 Das machen Jugendliche mit ihrem Geld

a Seht die Fotos an. Wofür gebt ihr Geld aus?

Ich gebe mein Taschengeld für … aus.
… bezahlen meine Eltern.

b Seht die Grafik unten an. Was denkt ihr, was passt an welche Stelle? Ordnet zu.

Einkäufe   Essen und Trinken   Elektronische Dinge   Freizeitaktivitäten   Sonstiges

75 **c** Hört oder lest den Artikel und überprüft eure Vermutungen aus **b**.

Shoppen und Sparen – eine Taschengeld-Studie

Eine Studie in Österreich hat gezeigt, dass die Hälfte der Kinder und Jugendlichen zwischen zehn und 14 Jahren im Durchschnitt 33 Euro Taschengeld pro Monat bekommt. Natürlich gibt es große Unterschiede. Einige bekommen mehr, andere viel weniger. Aber was machen sie mit dem Geld?

Die Grafik unten zeigt: Dafür geben Kinder und Jugendliche ihr Geld aus. An erster Stelle steht das Einkaufen. 72 Prozent haben gesagt, dass sie ihr Geld für Kleidung, Bücher etc. ausgeben. 42 Prozent gehen auch gern ins Kino oder zum Beispiel ins Schwimmbad oder in Kletterhallen. Ausgaben für Freizeitaktivitäten stehen bei den Kindern und Jugendlichen an zweiter Stelle. Viele Jugendliche kaufen auch Essen und Trinken von ihrem Taschengeld. 34 Prozent geben Geld für Süßigkeiten, Getränke oder Snacks aus. Auch elektronische Dinge sind für die Jugendlichen wichtig. 26 Prozent von den Befragten kaufen sich Apps, Online-Spiele oder E-Books.

Aber Konsum ist nicht alles. Die Studie hat auch gezeigt, dass acht von zehn Befragten einen Teil von ihrem Taschengeld sparen.

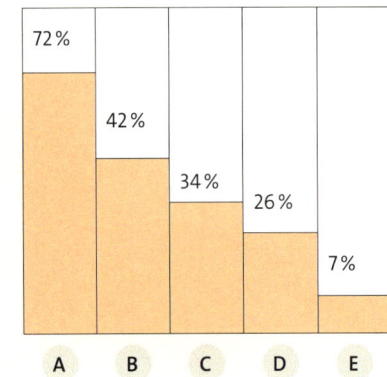

Quelle: durchblicker.at (2020)

d Hört oder lest den Zeitungsartikel noch einmal und kreuzt an.

	Richtig	Falsch
1. Alle Kinder in Österreich bekommen 33 Euro Taschengeld.	☐	☐
2. Bei vielen Kindern und Jugendlichen ist Shoppen beliebt.	☐	☐
3. Die meisten Jugendlichen sparen etwas von ihrem Geld.	☐	☐

8 Projekt: Dafür geben wir Geld aus

a Sammelt neun typische Dinge, für die man Geld ausgeben kann, und schreibt eine Liste.

> Ich gebe mein Geld oft für Süßigkeiten aus, vor allem für Bio-Schokolade. Bio- und Fairtrade-Produkte finde ich wichtig.

> Ich finde auch den Tierschutz wichtig. Deshalb spende ich einen Teil von meinem Taschengeld an eine Tierschutz-Organisation.

1. Süßigkeiten
2. Spenden
3. ...

10. Sonstiges

b Nehmt eure Liste aus a. Jede/-r fragt fünf andere Jugendliche (aus anderen Klassen, aus dem Sportverein etc.), wofür sie ihr Geld ausgeben. Jede/-r Jugendliche darf fünf Dinge nennen. Notiert die Antworten in der Liste.

c Sammelt in der Gruppe eure Ergebnisse. Rechnet alles zusammen. Wählt eine Grafik aus und zeichnet die Grafik mit euren Zahlen.

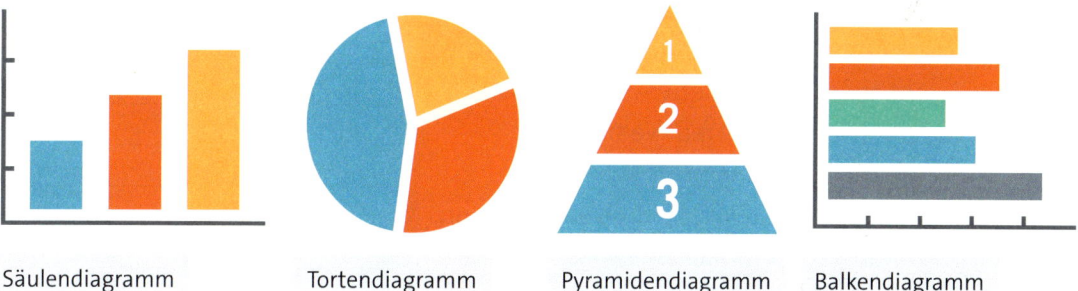

Säulendiagramm   Tortendiagramm   Pyramidendiagramm   Balkendiagramm

d Gestaltet ein Plakat mit eurer Grafik. Ergänzt alle wichtigen Informationen.
1. Wie ist der Titel für eure Befragung?
2. Wann und wo habt ihr die Befragung gemacht?
3. Wie viele Personen habt ihr befragt?
4. Wie alt sind die Personen im Durchschnitt?

e Hängt die Plakate im Klassenraum auf und stellt eure Ergebnisse vor.

f Vergleicht. Welche Unterschiede gibt es zwischen euren Statistiken? Was denkt ihr, warum? Diskutiert in der Klasse.

Über eine Statistik sprechen
Unsere Befragung hat gezeigt, dass ...
An erster/zweiter Stelle steht/stehen ...
72 Prozent
die meisten
viele   geben ihr Geld für ... aus.
einige
nur wenige

6 Voll im Trend

9 Was macht uns glücklich?

a Seht das Foto an, wo ist Amalia und wo ist Marwin?

b Seht den Vlog bis 01:03. Wo ist Marwin?

c Glücklich sein. Lest die Sätze. Kreuzt an, was zu euch passt.

Ich bin glücklich, …

- wenn ich reisen kann.   _____
- wenn ich anderen etwas schenken kann.   _____
- wenn ich meine Freunde treffe.   _____
- wenn ich zeichne.   _____
- wenn ich draußen in der Natur sein kann.   _____
- wenn ich Sport machen kann.   _____
- wenn ich beim Klettern oben ankomme.   _____
- wenn ich in Ruhe ein Buch lesen kann.   _____
- wenn ich Musik mache.   _____
- wenn ich shoppen gehe.   _____

d Seht weiter. Wer sagt was? Schreibt die Namen in **c**. Vergleicht, wer ist wie ihr?

 Leon
 Sophia
 Christoph
 Madita

e Klassenspaziergang. Wie gut kennt ihr eure Klasse? Macht eine Umfrage. Wer bekommt die meisten zustimmenden Antworten?

> Ich glaube, du bist glücklich, wenn du zeichnest.

> Richtig! Und ich glaube, du bist glücklich, wenn du …

f Schreibt einen Kommentar: Was macht euch glücklich?

6

Das kann ich jetzt

Sagen, was mir gefällt
Mir gefallen bunte Farben.
Ich finde neue Trends meistens lustig. Im Moment sind blaue Haare total trendy.

Sachen und Personen beschreiben
Jens ist groß und hat braune Augen und schwarze, kurze Haare.
Er trägt immer weite Jeans, bunte Sneakers und coole T-Shirts.

Über Kleidung sprechen und Kleidung kaufen

Welches T-Shirt gefällt dir besser? Das pinke oder das grüne?

Mir gefällt das grüne T-Shirt besser. Und dir?

Über eine Statistik sprechen
Jugendliche bekommen im Durchschnitt 33 Euro Taschengeld pro Monat.
An erster Stelle steht das Einkaufen. 34 Prozent geben Geld für Süßigkeiten aus.

Außerdem kann ich ...
- eine Grafik zum Thema „Konsum" verstehen

Phonetik
- die Adjektivendungen -e, -en, -es und -er korrekt sprechen

Grammatik kurz und bündig

Adjektive vor dem Nomen

Singular	der Hund	das Spiel	die Mütze
Nominativ Das ist ...	der kleine Hund ein kleiner Hund kein kleiner Hund mein kleiner Hund	das neue Spiel ein neues Spiel kein neues Spiel mein neues Spiel	die gelbe Mütze eine gelbe Mütze keine gelbe Mütze meine gelbe Mütze
Akkusativ Ich mag ...	den kleinen Hund einen kleinen Hund keinen kleinen Hund meinen kleinen Hund		
Plural (Nominativ und Akkusativ)	die blauen Haare blaue Haare keine blauen Haare meine blauen Haare		

Merkt euch:
Die blauen Haare gefallen mir.
Aber: Die Haare sind blau.

7   Das ist mir wichtig

1   Das Foto ist cool

a   Seht die Fotos an. Was machen die Leute? Sammelt Ideen: Warum ist das ein besonderer Tag?

die Demo   *das Festival*   *der erste Schultag*   *der Geburtstag*

76 b   Evi zeigt ihrem Austauschpartner Fotos. Hört zu und ordnet die Fotos.

c   Hört noch einmal. Richtig oder falsch? Kreuzt an.

                                Richtig Falsch

1. Letzte Woche war der zwölfte Geburtstag von Evis Freundin.
2. Evis Schwester geht in die fünfte Klasse.
3. Für die Demo von *Fridays for Future* hat Evi ein Plakat gemacht.
4. Der 20.7. (zwanzigste Siebte) ist ein besonderer Tag für Evi, weil sie das erste Mal auf einem Festival war.

2 Welches Datum ist heute?

a Seht die Ordinalzahlen im Kasten an und ergänzt die Regel.

Denk nach!

Ordinalzahlen			
der/das/die	1. erste	6. sechste	20. zwanzigste
	2. zweite	7. siebte	21. einundzwanzigste
	3. dritte	8. achte	22. zweiundzwanzigste
	4. vierte	...	...
	5. fünfte	19. neunzehnte	100. hundertste

Ordinalzahlen sind einfach: Bis 19 ist die Endung _____ , ab 20 _____ .
Ordinalzahlen stehen meistens mit dem bestimmten Artikel. Sie bekommen eine Endung wie ein Adjektiv.

b Phonetik: Konsonantengruppen. Hört zu und sprecht nach. Sprecht langsam und deutlich.

77
1. fünf • fünfte • die fünfte Stunde
2. elf • elfte • das elfte Mal
3. zwölf • zwölfte • die zwölfte Klasse
4. zwanzig • zwanzigste • der zwanzigste Dritte (= der 20. März)
5. hundert • hundertste • der hundertste Geburtstag von meiner Schule

c Fragt euch gegenseitig nach dem Datum.

vor drei Tagen   morgen   vorgestern   übermorgen   gestern   heute   nächsten Sonntag

> Welches Datum ist heute?

> Heute ist der ...

> Welches Datum war gestern?

> Gestern war der ...

3 Was ist für euch ein besonderer Tag?

Fragt und antwortet.

> *Für mich ist der 5. Oktober ein besonderer Tag.*

> *Warum?*

> *Weil ich da Geburtstag habe. Mein Geburtstag ist mir wichtig.*

> *Und was machst du an dem Tag?*

Das lerne ich: über besondere Tage sprechen • das Datum erfragen und nennen • Personen vorstellen • aus dem Schulleben erzählen • eine Geschichte erschließen

dreiundsiebzig

7 Das ist mir wichtig

4 Bekannte Personen

a Seht die Fotos an. Was machen die Personen vielleicht beruflich? Kennt ihr eine Person? Was wisst ihr über sie?

A

B

C

D

> Ich kenne die zweite Person von rechts. Das ist … Sie ist …

> Ich kenne sie nicht, aber die Person links ist eine Sportlerin.

78–81 **b** Hört oder überfliegt die kurzen Biografien und ordnet die Fotos zu.

Henning May (*13.1.1992) hat nach dem Abitur mit seinen Freunden Christopher Annen und Severin Kantereit eine Rock-Band gegründet: Annenmaykantereit. Mit dem ersten Album „Alles nix Konkretes" war die Band ganz vorne in den deutschen Charts. Henning ist bekannt für seine tiefe, raue Stimme. Er engagiert sich auch für den Klimaschutz.

Satou Sabally (*25.4.1998) ist eine bekannte deutsche Basketballspielerin. Sie spielt in der besten Liga der Welt, der WNBA. Sie ist in New York geboren, als Kind und Jugendliche hat sie in Berlin gelebt. Dort hat sie auch ihre Karriere begonnen. Zum Studium ist sie dann wieder in die USA gegangen. Sie spielt in den USA und in der Türkei in Profimannschaften.

Leeroy Matata (*31.12.1996) ist in Bonn geboren und als Entertainer und YouTuber bekannt. Er hat mehrere Kanäle mit mehr als zwei Millionen Followern. Seine Themen: Comedy, Lifestyle und Games. In seinem Interviewprogramm spricht er aber auch über ernste Themen.
Als Jugendlicher hat er eine Karriere als Rollstuhlbasketballer begonnen. Er war 2014 Deutscher Meister und hat auch in der U22-Nationalmannschaft gespielt.

Greta Thunberg (*3.1.2003) ist eine weltberühmte Klimaaktivistin aus Schweden. Ein besonders wichtiger Tag für sie war der 15.3.2019. An diesem Tag hat der erste weltweite Schulstreik für das Klima stattgefunden. Greta ist auch zu internationalen Klimakonferenzen gefahren und hat dort mit Politikern gesprochen. Greta findet, dass man auch im Alltag das Klima schützen muss. Deshalb ist sie Veganerin und fliegt nicht mit dem Flugzeug.

c Jede Gruppe wählt eine Person von links. Lest die Kurzbiografie genau und schreibt Informationen zu eurer Person auf.

Name — Alter — bekannt für/als — mehr Informationen

d Bildet neue Gruppen zu viert: eine „Expertin" oder ein „Experte" für jede berühmte Person. Informiert über eure Person. Die anderen machen Notizen.

e Ordnet zu. Lest die Texte nicht noch einmal! Nutzt eure Notizen aus **d**.

Greta	lebt in verschiedenen Ländern.
Satou	singt mit einer tiefen, rauen Stimme.
Leeroy	hat auch einen YouTube-Kanal mit einem ernsten Thema.
Henning	hatte die Idee für den ersten Schulstreik für das Klima am fünfzehnten März 2019.

f Lest die Sätze in **e** noch einmal und ergänzt die Endungen im Kasten.

Denk nach!

Adjektivendungen im Dativ

der März — am fünfzehnt_____ März

das Thema — mit einem ernst_____ Thema

die Stimme — mit einer tief_____ Stimme

die Länder — in verschieden_____ Länder**n**

Der Dativ ist einfach: immer -_____.

Denkt dran: Im Dativ endet das Adjektiv immer mit -en!

 g Wann haben die Personen in **b** Geburtstag? Fragt und antwortet.

Wann ist Henning geboren?

Am 13.1.1992.

Jahreszahlen
1992 = neunzehnhundertzweiundneunzig
2003 = zweitausenddrei

5 Wer ist wichtig für dich?

Wählt eine Person aus, die für euch wichtig ist, und recherchiert die Informationen. Schreibt einen kurzen Text und präsentiert eure Person.
Wie heißt die Person?
In welchem Jahr ist die Person geboren (und gestorben)?
Was hat die Person gemacht? Welchen Beruf hat oder hatte die Person?
Warum ist die Person wichtig für dich?

7 Das ist mir wichtig

6 Wichtige Momente im Schulleben

a Hört das Lied und ordnet die Fotos 1 bis 4. Ein Foto passt nicht. Welches?

Von klein bis groß

Von klein bis groß, von jung bis alt,
vom Anfang zum Ende _____!

Im Kindergarten, Kindergarten,
alle Kinder warten, Kinder warten,
wann fängt die Schule denn an?
_____.

Dann erste Klasse, zweite Klasse,
dritte Klasse, vollgepackte Tasche,
_____,
ich darf das jetzt, ich weiß es!

Vierte, fünfte, sechste, siebte Klasse,
1 in Deutsch und leider 5 in Mathe,
achte, neunte Klasse sind okay,
_____!

Ich lerne schnell, ich lerne viel,
weil ich es muss, weil ich es will,
zehnte, elfte, zwölfte Klasse – Vollgas!
_____!

Und dann geht's raus ins Leben,
endlich Zeit _____!

Text und Musik: Samuel Reißen

b Hört noch einmal. Was fehlt wo im Text? Ergänzt oben die Nummern.

1 ich lerne viel und fleißig
2 weil ich in Mathe jetzt 2- steh'
3 ist's eine lange Zeit
4 Prüfung, Zeugnis – das war's
5 für meine eigenen Ideen
6 Ich bin schon bereit, ich kann es

c Hört das Lied noch einmal, wer mag, singt mit.

7 Unser Schulfest

a Welche Aktivitäten kann es auf einem Schulfest geben? Sammelt Ideen.

b Ihr seid auf einem Schulfest und lest das Programm. Lest die Aufgaben 1–5 und den Text. Welcher Ort passt? Kreuzt an.

1. Du hast Hunger.
   - ☐ Pausenhof
   - ☐ Eingangshalle
   - ☐ anderer Ort

2. Du magst Theater.
   - ☐ Raum 305
   - ☐ Aula
   - ☐ anderer Ort

3. Du möchtest basteln.
   - ☐ Aula
   - ☐ Pausenhof
   - ☐ anderer Ort

4. Du brauchst Bewegung.
   - ☐ Eingangshalle
   - ☐ Raum 305
   - ☐ anderer Ort

5. Du willst ein Geschenk kaufen.
   - ☐ Sporthalle
   - ☐ Pausenhof
   - ☐ anderer Ort

Schulfest • Anne-Frank-Gesamtschule • Programm

Aula
10:00–11:00 Uhr: Die Video-AG zeigt die besten Videos aus dem letzten Schuljahr
14:00–15:30 Uhr: Tolles Theater – die Klasse 9 spielt das Stück „Krabat"
16:00–17:00 Uhr: Live-Konzert von unserer Schulband „RegenBogen"

Pausenhof
10:00–17:00 Uhr: Verkaufsstände mit Schul-T-Shirts, Caps und Stickern
10:00–17:00 Uhr: Flohmarkt – Verkauf von Spielzeug und Büchern
12:00–15:00 Uhr: Infostand von der Mediations-AG

Sporthalle
10:00–13:00 Uhr: Viel Spaß mit Bällen am Spiele-Stand
15:00–16:00 Uhr: Spaß-Olympiade
14:00–16:00 Uhr: Workshop der Zirkus-AG: Akrobatik für alle

Raum 305 (Klassenzimmer von der Klasse 7)
10:00–17:00 Uhr: Ausstellung: Bilder vom Kunstkurs der Klasse 11
10:00–13:00 Uhr: Wurfbälle: mit Papier und Schere cooles Spielzeug machen
14:00–17:00 Uhr: Upcycling-Workshop: Aus Müll machen wir Schmuck!

Eingangshalle im Erdgeschoss
Familien-Café: Säfte, Kaffee und Kuchen, Suppen und Salate

c Schreibt einen Eintrag für das Jahrbuch über ein Ereignis aus eurem Schulleben.

Schulfest   Schulausflug   Klassenfahrt   Abschlussfeier   Austausch

7 Das ist mir wichtig

8 Emma ist weg!

a Seht die Bilder an und schreibt Fragen zu jedem Bild.

1. Warum sieht der Junge so böse aus?

 b Hört oder lest die Geschichte ohne Wörterbuch. Ordnet die Bilder in a.

Tipp
Ohne Wörterbuch macht das Lesen mehr Spaß! Deshalb lest einfach weiter, wenn ihr ein Wort nicht versteht. Oft kann man Wörter aus dem Kontext verstehen.

Emma ist weg!

Ich heiße Florian Gerber und bin 16 Jahre alt. Meine Mutter, meine kleine Schwester Emma und ich wohnen im Erdgeschoss von einem Wohnhaus in Bochum. Meine Eltern sind getrennt. Meine Mutter arbeitet in einer Bank. Jeden Morgen bringt sie Emma in den Kindergarten und ich muss sie abholen, wenn ich aus der Schule komme. Dann
5 gehen wir zusammen nach Hause.
So war es auch gestern. Ich hatte einen total langweiligen Schultag und habe nur darauf gewartet, dass ich nach Hause komme und Lu im Videochat treffe.
Um zwei waren wir verabredet. Aber ich musste noch Emma abholen. Und Emma war an diesem Tag wieder ganz besonders langsam. Als ich zum Kindergarten kam, war sie
10 noch nicht fertig. Dann musste sie jede Blume am Weg genau ansehen und mit jeder Katze sprechen. Ich wurde immer nervöser.
„Jetzt komm schon!", sagte ich ein paar Mal, aber dann ging sie noch langsamer. Vom Kindergarten zu unserer Wohnung braucht ein normaler Mensch zehn Minuten. Mit Emma braucht man eine halbe Stunde. Am Ende habe ich sie angebrüllt: „Jetzt beeil

15 dich, du blöde Kuh, oder ich lass dich hier stehen!"
Da heulte sie: „Ich sag der Mama, dass du so böse zu mir bist." Fiese Ziege.
Endlich waren wir zu Hause. Ich machte unser Essen in der Mikrowelle warm und gab
Lobo frisches Wasser. Lobo ist unser Hund. Und dann habe ich den Laptop angemacht.
Lu war schon da! Man kann so gut mit Lu skypen und wir haben so viel gemeinsam. Wir
20 quatschen stundenlang und es wird nie langweilig. Leider wohnt Lu in Spanien – 1.500
Kilometer weit weg!
Zwei Stunden später merkte ich, dass es sehr ruhig war in der Wohnung. Sehr, sehr ruhig!
„Emma?!", rief ich. Aber sie antwortete nicht. Ich suchte überall: in ihrem Zimmer, in der
Küche, im Bad, im Schrank, unter dem Bett und nochmal im Schrank – nichts, Emma war
25 weg! Auch ihr Essen stand noch in der Mikrowelle. So ein Mist! Jetzt war es schon 16 Uhr
30 und um fünf Uhr wollte Mama zurück sein. Panik! Ich klingelte bei allen Nachbarn – im
ersten Stock, im zweiten und im dritten Stock. Niemand hatte Emma gesehen.
Noch 15 Minuten, bis Mama nach Hause kam. Da hörte ich Lobo bellen. Das macht er
nie. Ich rannte zu ihm. Er war an der Kellertür und bellte. „Emma, bist du da?" Keine
30 Antwort, nur ein leises Weinen. Ich lief nach oben, holte den Kellerschlüssel, rannte
wieder runter, machte die Tür auf und da saß Emma ganz schmutzig und klein hinter
der Tür. Ich war noch nie so froh, sie zu sehen! Sie wollte mich ärgern und hatte sich im
Keller versteckt, aber dann hat jemand die Kellertür abgeschlossen.
Noch zehn Minuten, bis Mama zurückkam. Wir rannten in die Wohnung, ich half Emma
35 beim Umziehen, wir versteckten ihre schmutzigen Kleider und ihren Teller mit dem
Mittagessen unter dem Bett und schon kam Mama.
„Hallo, Kinder, ich bin wieder da. Na, wie war euer Tag?"
„Alles prima."
„Habt ihr zu Mittag gegessen?"
40 „Ja, klar!"
„Wollen wir das Abendessen jetzt schon machen oder lieber später?"
„Lieber jetzt, wir haben so Hunger!!!"
Ich liebe meine Schwester und sie liebt mich auch! Und wir beide lieben Lobo.

Text: Lutz Rohrmann

c Lest noch einmal. Welche Antworten habt ihr auf eure Fragen in a bekommen?

d Wählt eine Szene der Geschichte aus (A, B oder C). Schreibt einen Dialog und spielt ihn szenisch vor.

A Emma und Florian auf dem Weg vom Kindergarten nach Hause

B Florian sucht Emma und fragt andere Leute.

C Die Mutter, Emma und Florian

7 Das ist mir wichtig

9 Besondere Orte

a Was denkt ihr, was sind Amalias drei Lieblingsorte in München? Kreuzt an.

b Seht den Vlog bis 02:24. Kontrolliert eure Vermutungen.
Platz 1: _____ Platz 2: _____

c Was könnte die Überraschung sein? Sammelt Ideen.

d Seht das Video bis zu Ende. Notiert.
Was ist Amalias Lieblingsort auf Platz 3? _____
Wen treffen sie dort? _____
Was sehen sie? _____ _____ _____
_____ _____

e Was sind eure drei Lieblingsorte? Warum?
Schreibt einen Zettel.

Meine Lieblingsorte sind ...
Dort kann ich ...

f Sammelt die Zettel ein, verteilt sie neu.
Jeder liest einen Zettel vor und sagt nicht den Namen.
Die anderen raten den Namen.

Die Person schreibt: Meine Lieblingsorte sind ... Dort kann ich ... Wer ist es?

Das ist bestimmt ...

7

Das kann ich jetzt

Über besondere Tage sprechen
- Für mich ist der 5. Oktober ein besonderer Tag, weil ich da Geburtstag habe.
- Was machst du an dem Tag?

Das Datum erfragen und nennen
- Welches Datum ist heute?
- Der zwanzigste Dritte. / Der zwanzigste März.

Personen vorstellen
Leeroy Matata ist am 31.12.1996 in Bonn geboren und als Entertainer und YouTuber bekannt.

Aus dem Schulleben erzählen
die erste / zweite / dritte / vierte / fünfte / sechste / siebte / achte / neunte / zehnte / elfte / zwölfte Klasse
Ich lerne viel und fleißig.
Prüfung, Zeugnis – das war's!

Außerdem kann ich ...
- eine Geschichte erschließen

Phonetik
- Konsonantengruppen aussprechen: *zwanzigste*

Grammatik kurz und bündig

Ordinalzahlen

	1.	erste	6.	sechste	20.	zwanzigste
	2.	zweite	7.	siebte	21.	einundzwanzigste
der/das/die	3.	dritte	8.	achte	22.	zweiundzwanzigste
	4.	vierte	...		...	
	5.	fünfte	19.	neunzehnte	100.	hundertste

Merkt euch: Bis 19 ist die Endung *-te*, ab 20 *-ste*.
Ordinalzahlen stehen meistens mit dem bestimmten Artikel.
Sie bekommen eine Endung wie ein Adjektiv.

Adjektivendungen im Dativ

der Tag — am ersten Tag
das Jahr — im letzten Jahr
die Freundin — mit der besten Freundin
die Jahre *(Pl.)* — in den ersten Jahren

Der Dativ ist einfach: immer -en.

Fakten & Kurioses

1 Meine Sprachen

Lest die Fragen und macht Notizen im Heft. Tauscht euch dann zu zweit aus.

1. Welche Sprachen und Dialekte sprichst du?

2. Wo werden diese Sprachen und Dialekte noch gesprochen (Regionen, Länder, …)?

3. Wann, wo, mit wem sprichst du diese Sprachen und Dialekte?

4. Sprichst du anders, je nach Situation, wo du bist oder mit wem du sprichst?

2 Eine Sprache? Viele Sprachen!

a Lest den Zeitungsartikel. Was ist das Thema?

Die deutschen Sprachen: Grüezi, Servus, Hallo

Die deutschen Sprachen? Ja, der Plural ist korrekt! Deutsch ist keine einheitliche Sprache. Je nach Ort und Situation unterscheiden sich Grammatik, Wortschatz und Aussprache. So ist das Mobiltelefon in Deutschland ein *Handy*, in Österreich ein *Handyfon* und in der Schweiz ein *Natel*. Man kann mit dem *Velo* (CH), dem *Radl* (A) oder dem *Fahrrad* (D) fahren. Oder auch mit der *Tram* (CH), der *Trambahn* oder *Bim* (A) oder der *Straßenbahn* (D). Und braucht man hierfür eine *Fahrkarte*, ein *Ticket* (D/A) oder ein *Billet* (CH)? Egal, wichtig ist, dass man nicht mit dem *Krankenwagen* (D/A), *Rettungswagen* (D/A) oder mit der *Ambulanz* (CH/A) unterwegs ist.
Es gibt nicht das eine „richtige Deutsch". Jedes deutschsprachige Land hat seine eigene Standardsprache: das Schweizerhochdeutsch, das österreichische Deutsch und das bundesdeutsche Deutsch. So ist z. B. der Trainer der *Nationalmannschaft* (D), des *Nationalteams* (A) oder der *Nati* (CH) ein *Bundestrainer* (D), ein *Teamchef* (A) oder ein *Nationalcoach* (CH).
Österreichische Wörter nennt man auch Austriazismen, Schweizerische Begriffe heißen Helvetismen und in Deutschland typische Wörter Teutonismen. Natürlich gibt es auch in Deutschland, Österreich und der Schweiz noch diverse Dialekte und andere Formen, die sich von der Standardsprache unterscheiden. Und natürlich existieren Sprachen und ihre Varianten auch über geographische Grenzen hinaus.

b Lest den Artikel noch einmal. Markiert Beispiele für schweizerische, österreichische und bundesdeutsche Wörter. Tragt sie dann in die Tabelle ein.

c Seht euch die Wörter aus Österreich, Deutschland und der Schweiz in der Karte an. Welche Wörter könnt ihr verstehen? Arbeitet zu dritt und notiert. Recherchiert auch die Bedeutung der anderen Wörter.

Projekt Wählt eine eurer Sprachen aus: Welche Variationen hat die Sprache? Gestaltet eine Sprach-Landkarte und erklärt sie, z. B. in einem Videoclip, für deutschsprachige Jugendliche.

Fakten & Kurioses

3 Musig us de Schwiiz

a Schweizerhochdeutsch: Lest den Bericht und hört ihn danach. Was habt ihr verstanden? Tauscht euch aus.

Musig us de Schwiiz

21 Wochen auf Platz 1 in de Schwiiz: das ist Rekord! Der Song heisst „079" und ist der erfolgreichste schweizer Song aller Zeiten. „079 het si gseit / Du weisch immer no nüt, het sie gseit ...": Diesen Refrain von den Berner Rappern Luc „Leduc" Oggier und Lorenz „Lo" Häberli kennt in der Schweiz jedes Buebli und Maedli. Lo & Leduc ist das erfolgreichste Schwiizer Duo, aber Musig machen die beiden in ihrer Freizeit, im Alltag haben sie ganz normale Bürojobs.

b Schweizerhochdeutsch und bundesdeutsches Deutsch: Was passt zusammen? Verbindet.

Schweizerhochdeutsch	Bundesdeutsches Deutsch
Musig	Junge
us de Schwiiz	du weißt
het si gseit	aus der Schweiz
du weisch	Musik
nüt	hat sie gesagt
Buebli	Mädchen
Maedli	nichts

c Lest den Text noch einmal. Erklärt dann jemandem in eurer Muttersprache, was ihr über Lo & Leduc und das Lied „079" wisst.

d Lest die Zitate aus dem Lied in bundesdeutschem Deutsch. Was denkt ihr, was ist das Thema von „079"? Tauscht euch aus und notiert.

„Ich rufe jeden Tag bei der Auskunft an und möchte ihre Nummer haben."

„Gäbe sie mir wenigstens die Vorwahl [...], dann gäbe es nur noch 10 Millionen Kombinationen."

Ich glaube, „079" ist ...

Ich denke, das Lied erzählt die Geschichte von ...

4 Mega-Hit: 079

a Hört den Song „079" im Internet. Wie findet ihr die Musik? Notiert eure Eindrücke.

b Lest die Kommentare zu „079". Welcher Kommentar passt zu euren Eindrücken?

‹ Jugend-Forum Musik

Schwiizer:	Leute, kennt ihr „079" von Lo & Leduc? Hört mal rein!
Fantalogisch75:	Einmal gehört: ganz ok. Zweimal gehört: super! Dreimal gehört: 079 HET SIE GSEIT!!
johnschmitter.92:	Schade, dass es dieser Megahit nicht in unsere Charts geschafft hat. Grüße vom Nachbarn aus dem Norden.
riesenbach9431:	Ohrwürmli, seit ich es zum ersten Mal gehört hab. Gleich mal getanzt … Merci vilmal!
Berlinerin9519:	Ich verstehe fast nix, aber ich liebe den Song trotzdem. So nice!
alexakurz3:	Ich musste mir erstmal die Übersetzung ansehen, aber jetzt versteh ich's sogar als Deutsche ;-) Das Lied ist echt toll! Thanks!

c Lest die Sätze aus dem Lied. Was passiert? Schreibt eine Geschichte oder eine Nachrichtenmeldung. Lest vor.

„0-7-9" het si gseit, „Du weisch immer no nüt", nidmau tschüss het si gseit.
„0-7-9" hat sie gesagt, „Du weißt noch immer nichts", nicht mal tschüs hat sie gesagt.

Gäb si mir wenigschtens d Vorwau, per favore, de gäbs nume no 10 Millione Kombinatione.
Gäbe sie mir wenigstens die Vorwahl, per favore, dann gäb's nur noch 10 Millionen Kombinationen.

U weni pro Minute drü vo de Nummere usprobier, de chönns maximau nume sächsehaub Jahr lang ga bisi ihri fing.
Und wenn ich pro Minute drei Nummern ausprobiere, dann kann es maximal sechseinhalb Jahre dauern, bis ich sie finde.

Am Schluss blibt mir tatsächlich numen e Nummre.
Am Schluss bleibt mir tatsächlich nur noch eine Nummer.

Ghöri plötzlech das öbber drann isch, u wäge däm ghöri das Tram nid.
Da höre ich plötzlich, dass jemand dran ist. Und deswegen höre ich die Straßenbahn nicht …

d Hört das Lied noch einmal und schreibt einen Kommentar für das Musik-Forum in b. Benutzt verschiedene Sprachen oder Sprachvariation.

Große Pause

1 Glücksrad

Bildet Teams. Die jüngste Person beginnt, wählt eine Farbe, dreht den Stift und sagt drei Sätze zu dem Thema. Sind die Sätze richtig, gewinnt das Team 10 Punkte. Stoppt der Stift auch auf der gewählten Farbe, gibt es 5 Bonuspunkte.

> **aktiv** Hier spielen alle Teams. Das Gewinner-Team bekommt 10 Punkte.

2 Ein Gedicht

a Seht die Fotos an. Welche Fotos passen zu welchem Zitat? Diskutiert in der Gruppe. Es gibt nicht nur eine Lösung.

„wie ihr mich wollt"   „ich will ich sein"

b Lest das Gedicht. Diskutiert: Wer ist „ihr"?

my own song

ich will nicht sein
so wie ihr mich wollt
ich will nicht ihr sein
so wie ihr mich wollt
5 ich will nicht sein wie ihr
so wie ihr mich wollt
ich will nicht sein wie ihr seid
so wie ihr mich wollt
ich will nicht sein wie ihr sein wollt
10 so wie ihr mich wollt

nicht wie ihr mich wollt
wie ich sein will will ich sein
nicht wie ihr mich wollt
wie ich bin will ich sein
15 nicht wie ihr mich wollt
wie ich will ich sein
nicht wie ihr mich wollt
ich will ich sein
nicht wie ihr mich wollt will ich sein
20 ich will sein.

Text: Ernst Jandl

A

B

D

E

C

F

c Was ist das Thema des Gedichts? Geht es euch auch manchmal so? Tauscht euch aus.

d Welche Wörter sind wahrscheinlich betont? Markiert sie. Sprecht dann das Gedicht gemeinsam. Lest jeweils zwei Zeilen.

Projekt Dreht einen Videoclip zum Gedicht. Seid kreativ! Präsentiert euer Video in der Klasse.

Wortliste

Die **alphabetische Wortliste** enthält alle neuen Wörter aus prima A2.1 mit Angabe der Einheit, der Aufgabe und der Seite, wo sie zum ersten Mal vorkommen (2/5a/19). Wörter, die bereits in den Teilbänden A1.1 und A1.2 als Lernwortschatz aufgenommen wurden, sind hier nicht erfasst. Auch Wörter aus den Aufgabenstellungen sowie grammatische Begriffe, Länder- und Städtenamen sind nicht erfasst. Bei den Nomen stehen der Artikel und die Pluralform (Arbeit, die, -en). Bei Wörtern, die entweder nur im Singular oder Plural vorkommen, steht *nur Sg.* oder *nur Pl.* Bei Verben mit Vokalwechsel, bei trennbaren und bei unregelmäßigen Verben steht neben dem Infinitiv auch die 3. Person Sg. Präsens (fahren, sie/er fährt). Ein · oder ein _ zeigt den Wortakzent. · kurzer Vokal (langweilig), _ langer Vokal (Bad). **Fett** gedruckte Wörter sind der Lernwortschatz in A2.1. Der Lernwortschatz zu jeder Einheit steht auch im Arbeitsbuch auf der Seite *Meine Wörter*. Diese Seiten sind abgekürzt: Fakten & Kurioses = FK, Kleine Pause = KP, Große Pause = GP.

A

Abenteuer, das, - 1/1a/6
Abenteuersport, der, nur Sg. 1/6a/10
abgeben, sie/er gibt ab 4/6c/47
Abitur, das, nur Sg. 2/2/17
Abschied, der, -e 3/9b/32
abschließen, sie/er schließt ab 7/8b/79
Abschlussfeier, die, -n 7/7c/77
Absicht, die, -en 5/6d/56
absolut FK/2c/38
abwechselnd KP/Spiel/40
adoptieren 2/1b/16
AG, die, -s (Arbeitsgemeinschaft) 5/1c/53
Achterbahn, die, -en 1/1a/6
Akku, der, -s 4/3a/43
Akrobatik, die, nur Sg. 7/7b/77
Aktion, die, -en 2/6b/20
aktivieren 4/3a/43
Aktivität, die, -en 2/6b/20
aktualisieren FK/2c/38
aktuell FK/1e/36
Album, das, Alben 7/4b/74
alle 4/3c/43
alles 3/5a/29
Alltag, der, nur Sg. 4/5b/46
als 3/7b/31
also 5/6c/56
alt 3/6b/30
Ambulanz, die, -en FK/2a/82
anbieten, sie/er bietet an 5/1b/52
anbrüllen, sie/er brüllt an 7/8b/78
ander(er, e, es) 1/6a/10
anders FK/1/82
Anfang, der, -ä-e 7/6a/76
Angebot, das, -e 6/2a/63
angehen (Das geht dich nichts an.) 5/6d/56
angesagt FK/2c/38
Angst, die, -ä-e 2/9c/22
anhören, sich, sie/er hört sich an FK/2c/38
Animation, die, -en 4/5b/46
ankommen, sie/er kommt an 1/7b/12
anmachen, sie/er macht an 4/6c/47
annehmen, sie/er nimmt an 5/7d/57
Anruf, der, -e 4/4b/44
Anrufbeantworter, der, - 4/4a/44
ansehen, sie/er sieht an 4/8b/48
ansprechen, sie/er spricht an FK/2c/38
anstellen, sich, sie/er stellt sich an 5/6a/56
anstrengend 1/2a/6
Antwort, die, -en KP/Spiel/40
antworten 4/8b/48
Anwalt, der, -ä-e 2/4a/18
Anwältin, die, -nen 2/4a/18
App, die, -s 4/1c/42
Arbeit, die, -en 2/5a/19
arbeiten 2/1b/16
ärgern, sich 5/3b/54
Arme, die/der, -n 5/3b/54
Aufgabe, die, -n 3/5a/29
aufhören, sie/er hört auf 5/6d/56
aufladen, sie/er lädt auf 4/3a/43
aufmachen, sie/er macht auf 7/8b/79
aufnehmen, sie/er nimmt auf 4/3a/43
aufpassen, sie/er passt auf 2/4e/18
aufregen, sich, sie/er regt sich auf 5/3b/54
aufregend 5/4a/54
aufstehen, sie/er steht auf 1/7a/12
Aula, die, Aulen/Aulas 7/7b/77
Ausbildung, die, -en 2/5a/19
Ausdruck, der, -ü-e 2/1d/17
Ausgabe, die, -n 6/7c/68
ausgeben, sie/er gibt aus 6/7a/68
ausgehen, sie/er geht aus 4/11d/50
Auskunft, die, -ü-e FK/3d/84
Ausland, das, nur Sg. 2/1b/16
ausmachen, sie/er macht aus 4/4e/45
ausprobieren, sie/er probiert aus 6/1b/62
ausräumen, sie/er räumt aus 4/9a/49
ausruhen, sie/er ruht sich aus 5/4a/54
Aussehen, das, - GP/1/86
aussehen, sie/er sieht aus 3/10a/33
äußern 5/9b/59
aussetzen, sie/er setzt aus KP/Spiel/40
Aussprache, die, nur Sg. FK/2a/82
Ausstellung, die, -en 7/7b/77
Austausch, der, nur Sg. 7/7c/77
Austriazismus, der, -men FK/2a/82
Auszubildende, die/der, -n 2/6b/20
Auto, das, -s 1/2c/7
automatisch 4/5b/46
Autor, der, -en 2/1b/16
Autorin, die, -nen 2/1b/16

B

Baby, das, -s 1/2c/7
Babysitter, der, - 2/1b/16
Babysitterin, die, -nen 2/1b/16
Bäcker, der, - 2/4c/18
Bäckerin, die, -nen 2/4c/18
Bad, das, -ä-er 4/8d/48
Badezimmer, das, - 4/8d/48
Bahn, die, -en 1/6a/10
Balkendiagramm, das, -e 6/8c/69
Bank, die, -en 2/5a/19
Baseballmütze, die, -n FK/2f/39
Basketballspieler, der, - 7/4b/74
Basketballspielerin, die, -nen 7/4b/74
beantworten 4/4g/45
beeilen, sich 5/6a/56
befragen 6/8d/69
Befragte, die/der, -n 6/7c/68
Befragung, die, -en 6/8d/69
begleiten 2/6b/20
Begriff, der, -e FK/2a/82
bekannt 7/4b/74
beleidigen 4/7/47
beliebt sein 6/7d/68
bellen 7/8b/78
benutzen 4/3a/43
bereit 4/1b/42
berichten 2/6b/20
Berufserfahrung, die, -en 2/6b/20
Berufswunsch, der, -ü-e GP/1/86
berühmt 2/2/17
besetzt 5/6c/56
beschäftigen, sich FK/1e/36
beschreiben FK/2d/39
besonder- 7/1c/72
besonders 7/4b/74
besorgt 2/9e/23
bestimmt 1/6a/10
Betreuer, der, - 1/6a/10
Betreuerin, die, -nen 1/6a/10
bewerben, sich, sie/er bewirbt sich 2/5a/19
bewölkt 1/3b/8
Bild, das, -er 1/8c/13
Billett, das, -s/-e FK/2a/82
Bim, die, nur Sg. FK/2a/82
Bio-Schokolade, die, -n 6/8a/69
bis 2/9c/22
Blindenschrift, die, -en 5/1b/52
blöd 1/2a/6
Blödsinn, der, nur Sg. 6/1b/62
Bluse, die, -n 6/4a/65
böse 5/7d/57
brauchen 3/5a/29
breit 6/3b/64
Brett, das, -er 4/4a/44

88 achtundachtzig

Brief, der, -e 4/4a/44
bringen 4/11c/50
Bühne, die, -n 2/4e/18
bundesdeutsch FK/2a/82
Bundestrainer, der, - FK/2a/82
Bundestrainerin, die, -nen FK/2a/82
bunt 6/1b/62
Burger, der, - 1/1a/6
Bürojob, der, -s FK/3a/84

C
Cap, die/das, -s 7/7b/77
Chaos, das, nur Sg. 5/10b/59
chaotisch 1/2a/6
charmant FK/2c/38
Charts, die, nur Pl. FK/2c/38
Chor, der, -ö-e 5/1b/52
Clique, die, -n 5/7a/57
Cloud, die, -s 4/4a/44
Computerproblem, das, -e 2/5a/19
Contest, der, -s 2/9c/22
cool 1/2a/6
Cutter, der, - 2/10a/24
Cybermobbing, das, nur Sg. 4/5a/46

D
da 1/2a/6
da sein 3/4b/28
dabei 2/5a/19
dafür 6/7c/68
Dank, der (Vielen Dank) 3/10a/33
dann 1/6a/10
darauf 7/8b/78
dass 2/1c/16
Datei, die, -en 4/4b/44
Datum, das, nur Sg. 7/2c/73
dauern FK/4b/85
Demo, die, -s 7/1a/72
denken 1/8b/13
deswegen FK/2c/38
Deutsche, die/der, -n FK/4b/85
Deutschpop, der, nur Sg. FK/2c/38
deutschsprachig FK/2a/82
Dialekt, der, -e FK/1/82
dick 6/2a/63
die meisten 4/3c/43
dies 5/9a/59
dieser, dieses, diese 1/6a/10
digital 4/5b/46
Ding, das, -e 6/1b/62
direkt 2/7d/21
divers FK/2a/82
dort 1/1d/6
dran sein 5/6a/56
draußen 2/4e/18
drinnen 2/4e/18
drucken 4/1b/42
Drucker, der, - 4/4a/44
dumm 3/6b/30
dunkel 1/6a/10
dünn 6/2a/63

Duo, das, -s FK/3a/84
dürfen 4/6c/47
durch 1/6a/10
durchblicken, sie/er blickt durch 3/5a/29
Durchschnitt, der, -e 6/7c/68
Dusche, die, -n 5/6c/56
duschen 5/6a/56

E
E-Book, das, -s 6/7c/68
egal 5/10b/59
ehrlich 3/6a/30
echt 4/8b/48
eigen/e 6/1b/62
ein bisschen 3/7a/31
einfach 1/6a/10
Eingangshalle, die, -n 7/7b/77
einheitlich FK/2a/82
einige 4/3c/43
Einkauf, der, -ä-e 6/7b/68
Einkaufen, das, - 6/7c/68
einmal FK/2c/38
einpacken, sie/er packt ein 1/7a/12
einsam 5/4a/54
einschlafen, sie/er schläft ein 3/9b/32
einzig 2/9d/23
elektronisch 6/7b/68
E-Mail, die, -s 4/4a/44
Empathie, die, nur Sg. 5/7a/57
Empfänger, der, - 4/8b/48
Empfängerin, die, -nen 4/8b/48
endlich 7/6a/76
eng 6/4a/65
engagieren, sich 7/4b/74
Entertainer, der, - 7/4b/74
Entertainerin, die, -nen 7/4b/74
entschuldigen, sich 5/7a/57
entspannt 1/2a/6
Erdgeschoss, das, nur Sg. 7/8b/78
Erfahrung, die, -en 2/6b/20
erfolgreich FK/3a/84
erkennen 4/5b/46
erklären 2/4e/18
erlauben 4/10a/49
erlaubt 5/9c/59
erleben 1/6a/10
ernst 7/4b/74
erst 5/4a/54
erstmal FK/4b/85
erzählen 1/8d/13
Ethik (Schulfach) 3/9b/33
existieren FK/2a/82

F
Fähigkeit, die, -en 5/1b/52
Fahrer, der, - 2/4c/18
Fahrerin, die, -nen 2/4c/18
Fahrkarte, die, -n FK/2a/82
fair 5/2b/53
Fairtrade-Produkt, das, -e 6/8a/69

Fall, der, -ä-e (Auf keinen Fall!) 5/6d/56
fallen, sie/er fällt 2/9e/23
Familiencafé, das, -s 7/7b/77
fantastisch 1/2a/6
fast 1/6a/10
faul 3/6b/30
Fehler, der, - 5/7a/57
Fernsehen, das, - 4/1b/42
Fernseher, der, - 4/4a/44
fertig 5/8c/58
fest 2/1d/17
Festival, das, -s 7/1a/72
Festnetztelefon, das, -e 4/4a/44
Feuerwehrfrau, die, -en 2/1b/16
Feuerwehrmann, der, -ä-er 2/1b/16
fies 7/8b/78
Figur, die, -en 1/8c/13
finden 1/5a/9
Firma, die, -Firmen 2/10b/24
fit 5/10b/59
fleißig 3/6b/30
Flohmarkt, der, -ä-e 7/7b/77
Flöte, die, -n FK/1e/36
Flugmodus, der, -modi 4/3a/43
Folge, die, -n 4/4d/44
Follower, der, - 7/4b/74
Followerin, die, -nen 7/4b/74
fördern 5/7a/57
Form, die, -en FK/2a/82
Fotoapparat, der, -e 4/4a/44
Frage, die, -n 5/4b/55
fragen 5/4a/54
Freizeitaktivität, die, -en 5/1b/52
Fremdsprache, die, -n 5/1b/52
freuen, sich 5/3b/54
Freund, der, -e 3/1b/26
Freundin, die, -nen 3/1b/26
Freundschaft, die, -en KP/Spiel/41
Friseur, der, -e 2/4c/18
Friseurin, die, -nen 2/4c/18
frisch 7/8b/79
Frisur, die, -en 3/9b/33
fröhlich FK/2a/38
Fröhlichkeit, die, nur Sg. FK/1e/36
früher 2/5a/19
frustriert 2/9b/22
fühlen, sich 5/3b/54
Führerschein, der, -e 2/2/17
funktionieren 4/4b/44

G
ganz 1/6a/10
gar (gar nicht) 5/6a/56
Gassi gehen 5/8a/58
geben, sie/er gibt 3/5d/29
geboren 7/4b/74
gefallen, ihr/ihm gefällt 6/2a/63
Gefühl, das, -e 2/9f/23
Gegend, die, -en 1/6a/10
gemein 5/6d/56

Wortliste

gemeinsam 5/1b/52
genau FK/2d/39
genauso 3/8a/31
Gender-Klischee, das, -s 2/6b/20
geographisch FK/2a/82
gepunktet 6/4a/65
gerade FK/2a/38
gerade eben 5/6c/56
Gerät, das, -e 4/10a/49
Geräusch, das, -e 3/9b/32
Geschichte, die, -n KP/Spiel/41
gestern 7/2c/73
gestorben 7/5/75
gestreift 6/4a/65
Getränk, das, -e 6/7c/68
Getränkeautomat, der, -en 5/6a/56
getrennt 7/8b/78
Gewitter, das, - 1/3a/8
gewittern 1/3b/8
glatt 6/4a/65
gleich 3/8a/31
gleichzeitig 2/5a/19
Glück, das, nur Sg. 1/6a/10
glücklich 2/5a/19
Glücksbringer, der, - 1/8c/13
Grad, der, nur Sg. 1/3b/8
Grafik, die, -en 6/7c/68
Grammatik, die, nur Sg. FK/2a/82
Grenze, die, -n FK/2a/82
Größe, die, -n 3/7a/31
Grüezi FK/2a/82
gründen 7/4b/74
Grundschullehrer, der, - 2/7a/21
Grundschullehrerin, die, -nen 2/7a/21
Gruppe, die, -n 4/3c/43
günstig 6/2a/63
Gürtel, der, - 6/3b/64
gut 1/5a/9
Gute, das, nur Sg. 5/4a/54
Gymnasium, das, -en 5/1b/52

H

halbtausend FK/2c/38
Hälfte, die, -n 6/7c/68
halt FK/2c/38
Handwerker, der, - 2/6b/20
Handwerkerin, die, -nen 2/6b/20
hart 2/5a/19
hässlich 6/1b/62
Haushalt, der, -e 5/4a/55
heiß 1/3b/8
helfen, sie/er hilft 3/4b/28
Helvetismus, der, -men FK/2a/82
Hemd, das, -en 6/4a/65
heraus/raus 7/6a/76
Herr, der, -en 2/7d/21
herunterladen, sie/er lädt herunter 4/6c/47
heulen 7/8b/78
heute 7/2c/73
hierfür FK/2a/82

Hilfe, die, -n 3/5a/29
hinaus FK/2a/82
hinlegen, sich, sie/er legt sich hin 5/6c/56
hinter 3/9b/32
hinunter/runter 7/8b/79
Hip-Hop-Szene, die, -n FK/2f/39
Hitze, die, nur Sg. 1/3a/8
hoffen 2/1c/16
hoffentlich 2/3a/17
Hofpause, die, -n 4/4e/45
Höhe, die, -n 1/6a/10
hochladen, sie/er lädt hoch 4/4d/44
holen 5/6c/56
Homepage, die, -s 4/4a/44
Hose, die, -n 6/3c/64
Humor, der, nur Sg. FK/1e/36

I

Idee, die, -n 2/6b/20
Information, die, -en 4/2b/43
informieren 4/4d/44
Infostand, der, -ä-e 7/7b/77
Inklusion, die, nur Sg. 5/1b/52
Instrument, das, -e FK/1a/35
intelligent 3/6b/30
intern 2/9c/22
international 7/4b/74
Internet, das, nur Sg. 4/6c/47
Interview, das, -s 4/9c/49
Interviewprogramm, das, -e 7/4b/74
irgendwie FK/2c/38
IT-Techniker, der, - 2/5a/19
IT-Technikerin, die, -nen 2/5a/19

J

Jahr, das, -e 7/5/75
je FK/1/82
jede/r 5/1d/53
jemand 5/4a/54
Job, der, -s 2/5a/19
joggen 2/9d/22
Joggen, das, - 2/9c/22
Journalist, der, -en 2/4a/18
Journalistin, die, -nen 2/4a/18
Jugendcamp, das, -s 1/6a/10
Jugendliche, die/der, -n 1/6a/10
jung 3/6b/30

K

Kajak, der/das, -s 1/6a/10
Kalender, der, - 4/2a/42
kalt 1/3b/8
Kälte, die, nur Sg. 1/3a/8
Kanal, der, -ä-e 7/4b/74
Karaoke-Party, die, -s FK/1d/35
kariert 6/4a/65
Karriere, die, -n 7/4b/74
Karte, die, -n 1/6a/10
Keller, der, - 4/8d/48
Kellerschlüssel, der, - 7/8b/79

Kellertür, die, -en 7/8b/79
Kellner, der, - 2/4c/18
Kellnerin, die, -nen 2/4c/18
kennen 3/2b/27
kennen, sich 5/4a/54
kennenlernen, sie/er lernt kennen 1/7a/12
Kenntnis, die, nur Pl. 1/6a/10
Kindergarten, der, -ä 7/6a/76
Klamotten, die, nur Pl. 6/2a/63
Klassenfahrt, die, -en 7/7c/77
Klassenlehrer, der, - 3/9b/32
Klassenlehrerin, die, -nen 3/9b/32
Klassenzimmer, das, - 3/9b/33
klassisch 2/6b/20
Kleid, das, -er 6/4a/65
Kleidung, die, nur Sg. 6/4a/65
Kleidungsstück, das, -e 6/6a/67
Kletterhalle, die, -n 6/7c/68
klettern 1/6a/10
Klima, das, nur Sg. 7/4b/74
Klimaaktivist, der, -en 7/4b/74
Klimaaktivistin, die, -nen 7/4b/74
Klimakonferenz, die, -en 7/4b/74
Klimaschutz, der, nur Sg. 7/4b/74
klingeln 7/8b/79
Koch, der, -ö-e 2/1b/16
Köchin, die, -nen 2/1b/16
Kollege, der, -n 2/5a/19
Kollegin, die, -nen 2/5a/19
Kombination, die, -en FK/3d/84
Komma, das, -s/-ta 4/4f/45
Kommentar, der, -e 4/5b/46
kommentieren 3/1b/26
Kommunikation, die, meist Sg. 5/7a/57
Kompliment, das, -e 3/10a/33
Kompromiss, der, -e 5/7a/57
Kondition, die, nur Sg. 2/9d/22
Konflikt, der, -e 5/7a/57
Konsum, der, nur Sg. 6/7c/68
Kontakt, der, -e 1/6a/10
Kontext, der, -e 7/8b/78
konzentrieren, sich 4/3a/43
konzentriert 2/9d/23
Kopfhörer, der, - 4/9c/49
Körper, der, - 6/4a/65
korrekt FK/2a/82
kostenlos 4/6c/47
Krankenpfleger, der, - 2/4a/18
Krankenpflegerin, die, -nen 2/4a/18
Krankenwagen, der, - FK/2a/82
kreativ 3/6b/30
Kuckucksuhr, die, - 1/8c/13
Kuh, die, -ü-e 7/8b/78
Kühlschrankmagnet, der, -e/-en 1/8c/13
Küche, die, -n 5/4a/55
kümmern, sich 5/4a/55
Kunstkurs, der, -e 7/7b/77
Künstler, der, - 2/4a/18
Künstlerin, die, -nen 2/4a/18

L

Ladekabel, das, -   4/4g/45
Laden, der, -ä   6/5a/66
Lagerfeuer, das, -   1/1a/6
lächeln   3/9b/33
lachen   2/4d/18
Landesmeisterschaft, die, -en   2/9c/22
langsam   5/4a/54
langweilen, sich   5/4a/55
langweilig   1/1d/6
lassen, sie/er lässt   7/8b/78
laufen, sie/er läuft   1/6a/10
Lautsprecherwagen, der, -/-ä   4/4d/44
Leben, das, -   FK/2f/39
lebenspraktisch   5/1b/52
letzt-   7/1c/72
Liebe, die, nur Sg.   FK/1e/36
lieben   7/8b/79
lieber   7/8b/79
Lieblingsessen, das, -   FK/1a/35
Lieblingslied, das, -er   FK/2a/38
Lieblingsmensch, der, -en   KP/Spiel/40
Lieblingsort, der, -e   7/9d/80
Lieblingssong, der, -s   FK/2c/38
Lied, das, -er   FK/1d/35
Liga, die, Ligen   7/4b/74
Licht, das, -er   4/9c/49
Like, der, -s   4/1b/42
link(er, e, es)   2/9e/23
live   4/1b/42
Livestream, der, -s   6/1b/62
lockig   6/4a/65
los   1/6a/10
los sein   1/2a/6
lösen   5/7a/57
losgehen, sie/er geht los   3/9b/32
löschen   2/9d/23
Lösung, die, -en   5/10b/59
Lüge, die, -n   4/7/47
lügen   5/6d/56

M

Mail, die, -s   4/6c/47
Mailbox, die , -en   4/4a/44
mailen   5/7a/57
Mal   1/6a/10
malen   FK/2c/38
manche   4/3c/43
Maschine, die, -n   2/4d/18
maximal   FK/4c/85
Mediations-AG, die, -s   7/7b/77
Mediationsraum, der, -ä-e   5/7a/57
Medien, die, Pl.   4/5c/46
Megahit, der, -s   FK/4b/85
mehr   1/6a/10
mehrere   KP/Spiel/40
Mechaniker, der, -   2/6b/20
Mechanikerin, die, -nen   2/6b/20
meinen   3/5a/29
Meinung, die, -en   5/9b/59
meistens   6/1b/62
Meister, der, -   7/4b/74
Meisterschaft, die, -en   2/9d/23
Melodie, die, -n   FK/1e/36
Mensch, der, -en   2/1b/16
merken   4/8b/48
Mikrofon, das, -e   4/4e/45
Mikrowelle, die, -n   7/8b/79
Million, die, -en   FK/1e/36
mindestens   2/9e/23
Mindmap, die, -s   6/4b/65
Minute, die, -n   7/8b/78
Mist (So ein Mist!)   7/8b/79
Mitarbeiter, der, -   2/6b/20
Mitarbeiterin, die, -nen   2/6b/20
Mitbewohner, der, -   5/4a/55
Mitbewohnerin, die, -nen   5/4a/55
mitmachen, sie/er macht mit   5/1b/52
Mitschüler, der, -   3/9b/32
Mitschülerin, die, -nen   3/9b/32
mitsingen, sie/er singt mit   FK/1e/36
Mitspieler, der, -   KP/Spiel/41
Mitspielerin, die, -nen   KP/Spiel/41
Mobbing, das, nur Sg.   4/5b/46
mobbingfrei   5/7a/57
Mobilität, die, nur Sg.   5/1b/52
Mobiltelefon, das, -e   4/4a/44
Mode, die, -n   6/1b/62
Modedesigner, der, -   2/6b/20
Modedesignerin, die, -nen   2/6b/20
modern   6/2a/63
Moment, der, -e   4/8b/48
morgen   7/2c/73
Müll, der, nur Sg.   5/6a/56
Mülleimer, der, -   5/6a/56
Münze, die, -n   KP/Spiel/40
Musiker, der, -   2/2/17
Musikerfahrung, die, -en   FK/1e/36
Musikerin, die, -nen   2/2/17
Musikerziehung, die, nur Sg.   FK/1e/36
Musiklehrer, der, -   FK/1d/35
Musiklehrerin, die, -nen   FK/1d/35
Musikplayer, der, -   4/2a/42
Musikschule, die, -n   FK/1e/36
Musikstil, der, -e   FK/1e/36
Musiktrend, der, -s   FK/1e/36
Musikunterricht, der, nur Sg.   FK/1a/35
Musizieren, das, -   FK/2a/38
Mütze, die, -n   6/1b/62

N

Nachbar, der, -n   7/8b/79
nächst   7/2c/73
nass   1/3b/8
Nati, die   FK/2a/82
Nationalcoach, der, -es   FK/2a/82
Nationalmannschaft, die, -en   7/4b/74
Nationalteam, das, -s   FK/2a/82
Navi, das, -s   4/2a/42
Nebel, der, -   1/3a/8
neblig   1/3b/8
negativ   4/8f/48
nervig   1/2a/6
nervös   3/6b/30
nett   3/6b/30
Netzwerk, das, -e   4/4a/44
niemand   7/8b/79
nicht so   3/8a/31
nichts   3/5a/29
nochmal   7/8b/78
Norden, der, nur Sg.   1/4a/9
normal   5/7a/57
Note, die, -n   FK/1d/35
Nummer, die, -n   FK/3d/84
nur wenige   4/3c/43
nutzen   4/5b/46

O

oben   1/6a/10
öffentlich   FK/1e/36
offline   4/5a/46
öffnen   3/9b/33
ohne   2/6b/20
Olivenöl, das, -e   1/8c/13
Olympiade, die, -n   7/7b/77
online   4/2d/43
Online-Spiel, das, -e   6/7c/68
optimistisch   2/9b/22
Orakel, das, -   2/2/17
Ordnung, die, nur Sg.   5/10b/59
organisieren   2/4e/18
Orchester, der, -   FK/1d/35
Orientierungslauf, der, -ä-e   1/6a/10
Ort, der, -e   1/4b/9
Osten, der, nur Sg.   1/4a/9
Osterkarte, die, -n   2/7b/21
österreichisch   FK/2a/82

P

Panik, die, nur Sg.   3/5a/29
Papier, das, -e   7/7b/77
passen   6/6b/67
passend   KP/Spiel/40
Passwort, das, -ö-er   4/4g/45
Pausenhof, der, -ö-e   7/7b/77
Pech haben   1/6a/10
Pech, das, nur Sg.   5/6a/56
perfekt   4/11d/50
Person, die, -en   3/5d/29
pessimistisch   2/9b/22
pink   6/5b/66
Plakat, das, -e   4/1b/42
Plan, der, -ä-e   2/7d/21
planen   4/4d/44
Platz, der, -ä-e   2/9f/23
plötzlich   2/9f/23
Plural, der, nur Sg.   FK/2a/82
Podcast, der, -s   4/4d/44
Politiker, der, -   7/4b/74
Politikerin, die, -nen   7/4b/74
Polizist, der, -en   2/6b/20
Polizistin, die, -nen   2/6b/20
Position, die, -en   4/4f/45

einundneunzig   91

Wortliste

positiv   FK/2d/39
Post, der, -s   3/1b/26
Praktikum, das, -Praktika   2/5a/19
praktisch   5/4a/54
proben   2/4e/18
probieren   4/9c/49
Problem, das, -e   3/5a/29
Produktion, die, nur Sg.   2/10b/24
Profimannschaft, die, -en   7/4b/74
programmieren   2/6a/20
Projektwoche, die, -n   4/5b/46
Prozent, das, -e   6/7c/68
Prozess, der, -e   2/6b/20
Prüfung, die, -en   7/6b/76
Psychologe, der, -n   2/4a/18
Psychologin, die, -nen   2/4a/18
Punkt, der, -e   2/9c/22
pünktlich   3/6a/30
putzen   5/2a/53
Putzen, das, -   5/1b/52
Pyramidendiagramm, das, -e   6/8c/69

Q

Quatsch, der, nur Sg.   5/6c/56
quatschen   1/6a/10

R

Rad, das, -ä-er   FK/2a/82
Radio, das, -s   4/4a/44
Rangliste, die, -n   2/9f/23
Rapper, der, -   FK/2f/39
Rapperin, die, -nen   FK/2f/39
rau   7/4b/74
rauf und runter   FK/2a/38
Raum, der, -ä-e   7/7b/77
rausgehen, sie/er geht raus   5/8b/58
Redaktion, die, -en   2/10b/24
Redaktionssitzung, die, -en   2/10a/24
reden   3/3b/27
Refrain, der, -s   FK/3a/84
Regel, die, -n   4/10b/49
Regen, der, -   1/3a/8
Region, die, -en   FK/1/82
regnen   1/3b/8
recherchieren   4/2b/43
recht haben   2/2/17
reich   2/1b/16
reinhören, sie/er hört rein   FK/4b/85
Reise, die, -n   1/6a/10
Rekord, der, -e   FK/3a/84
rennen   7/8b/79
reparieren   2/4e/18
reservieren   5/6c/56
Respekt, der, nur Sg.   5/7a/57
respektieren   5/2b/53
Rettungswagen, der, -   FK/2a/82
Rhythmus, der, -men   FK/2a/38
richtig   3/11a/34
Rock-Band, die, -s   7/4b/74
Rollstuhlbasketballer, der, -   7/4b/74
Rollstuhlbasketballerin, die, -nen   7/4b/74

romantisch   3/6b/30
rot   6/5b/66
Rucksack, der, -ä-e   1/2c/7
rufen   7/8b/79
Ruhe, die, nur Sg.   4/5b/46
ruhig   3/6a/30
rund   FK/1e/36
Runde, die, -n   KP/Spiel/40

S

Sache, die, -n   1/7a/12
sammeln   2/10c/24
Sand, der, -   1/8c/13
Sänger, der, -   2/4c/18
Sängerin, die, -nen   2/4c/18
Satz, der, -ä-e   1/3e/8
sauer   2/9d/22
Säulendiagramm, das, -e   6/8c/69
Sehbehinderung, die, -en   5/1b/52
Seilspringen, das, -   2/9c/22
seit   2/6b/20
Seite, die, -n   4/5b/46
Sekretär, der, -e   2/4a/18
Sekretärin, die, -nen   2/4a/18
selbstbewusst   2/9e/23
Selfie, das, -s   4/3a/43
Servus   FK/2a/82
setzen (sich)   3/9b/33
Shampoo, das, -s   5/6c/56
Shoppen, das, -   6/7b/68
schaffen   2/9c/22
schauen   2/10c/24
Schauspielschule, die, -n   2/5a/19
scheinen   1/3b/8
schicken   4/8b/48
Schlafsack, der, -ä-e   1/8a/12
Schlager, der, -   FK/1e/36
Schlagerfan, der, -s   FK/1e/36
Schlagermusik, die, nur Sg.   FK/1d/35
Schlagerstar, der, -s   FK/1e/36
schlapp   2/9e/23
Schlaraffenland, das, nur Sg.   4/10a/49
schlecht   5/3b/54
schließen   4/9c/49
schlimm   5/3b/54
Schluss, der, ü-e   FK/4c/85
Schlüsselanhänger, der, -   1/8c/13
Schmuck, der, -   7/7b/77
schmutzig   7/8b/79
schneien   1/3b/8
Schnitt, der, -e   2/10c/24
schön   3/9b/32
schrecklich   1/2a/6
Schreibmaschine, die, -n   4/4a/44
Schritt, der, -e   KP/Spiel/40
Schuhmacher, der, -   2/7d/21
Schuhmacherin, die, -nen   2/7d/21
schüchtern   3/9b/32
Schulausflug, der, -ü-e   7/7c/77
Schulband, die, -s   5/1b/52
Schüleraustausch, der, nur Sg.   FK/2c/38

Schulfach, das, -ä-er   FK/1e/36
Schulfest, das, -e   7/7b/77
Schulhof, der, -ö-e   5/6a/56
Schulradio, das, -s   4/4e/45
Schulstreik, der, -s   7/4b/74
Schultag, der, -e   3/9c/33
schützen   7/4b/74
schwach   3/6b/30
schweizer   FK/3a/84
Schweizerhochdeutsch, das, -   FK/2a/82
schweizerisch   FK/2a/82
schwer   1/6a/10
sich   5/4c/55
sicher   5/4a/55
Situation, die, -en   FK/2d/39
Skatepark, der, -s   2/9c/22
skypen   7/8b/79
Smartphone, das, -s   4/4a/44
Snack, der, -s   6/7c/68
Sneakers, die, Pl.   6/3c/64
sofort   4/8b/48
sogar   FK/4b/85
sollen   4/9a/49
Song, der, -s   FK/2c/38
Songwriter, der, -   FK/2f/39
Songwriterin, die, -nen   FK/2f/39
Sonne, die, nur Sg.   1/3a/8
sonnig   1/3b/8
Sonntag, der, -e   7/2c/73
sonst   5/6c/56
Sonstiges   6/8a/69
Sorge, die, -n   3/9b/32
sorry   KP/Spiel/40
Souvenir, das, -s   1/7a/12
sozial   4/4a/44
spannend   6/1b/62
sparen   6/7c/68
Sparen, das, -   6/7b/68
spazieren   1/9c/14
speichern   4/3a/43
spenden   6/8a/69
speziell   4/5b/46
Spiele-Entwickler, der, -   2/5a/19
Spiele-Entwicklerin, die, -nen   2/5a/19
spielen   1/6a/10
Spieler, der, -   KP/Spiel/40
Spielerin, die, -nen   KP/Spiel/40
Spielfigur, die, -en   KP/Spiel/40
Spielzeug, das, nur Sg.   7/7b/77
spinnen (Spinnst du?)   5/6d/56
Sportart, die, -en   5/1b/52
Sporthalle, die, -n   7/7b/77
sportlich   3/6a/30
Sprachreise, die, -n   1/1a/6
Spülmaschine, die, -n   4/9a/49
Stadion, das, Stadien   4/1b/42
Städtereise, die, -n   1/1a/6
Stadtzentrum, das, -zentren   5/4a/54
Standardsprache, die, -n   FK/2a/82
Star, der, -s   2/1d/17
stark   3/6b/30

Start, der, -s   KP/Spiel/40
Statistik, die, -en   6/8f/69
stattfinden, sie/er findet statt   2/6b/20
stehen   6/6b/67
Stelle, die, -n   2/5a/19
Stelle, die, -n (an erster/zweiter Stelle)   6/7c/68
Sticker, der, -   7/7b/77
Stiefel, der, -   6/2a/63
Stift, der, -e   3/5e/29
Stil, der, -e   FK/1a/35
Stimme, die, -n   7/4b/74
stimmen   1/8b/13
Stock, der, -   5/7a/57
Strategiespiel, das, -e   6/1b/62
Streaming-App, die, -s   4/2a/42
Streit, der, nur Sg.   5/4b/55
streiten, sich   5/4a/55
Student, der, -en   2/5a/19
Studentin, die, -nen   2/5a/19
Studie, die, -n   6/7c/68
studieren   2/1b/16
Studium, das, -Studien   2/5a/19
Stunde, die, -n   7/8b/79
stundenlang   7/8b/78
stürmisch   1/3b/8
stylisch   6/1b/62
Süden, der, nur Sg.   1/4a/9
suchen   2/7a/21
Suchmaschine, die, -n   4/2a/42
superchaotisch   5/10b/59
superordentlich   5/10b/59
surfen   4/6c/47
sympathisch   3/6b/30

T

Tag, der, -e   7/1c/72
täglich   4/2c/43
Tal, das, -ä-er   1/6a/10
Taschengeld, das, nur Sg.   6/7a/68
Taschenlampe, die, -n   4/3a/43
Tasse, die, -n   FK/2c/38
tatsächlich   FK/4c/85
tauschen   KP/Spiel/41
Team, das, -s   4/8d/48
Teamchef, der, -s   FK/2a/82
Technik, die, nur Sg.   GP/1/86
Technikraum, der, -ä-e   2/10c/24
Teil, der, -e   6/8a/68
teilnehmen, sie/er nimmt teil   5/1b/52
telefonieren   4/4d/44
Teller, der, -   7/8b/79
Test, der, -s   3/11c/34
Teutonismus, der, -men   FK/2a/82
Text, der, -e   FK/1e/36
Theater, das, -   7/7b/77
Theater-AG, die, -s   5/1b/52
Thema, das, -Themen   7/4b/74
Themenkonferenz, die, -en   2/10c/24
Ticket, das, -s   FK/2a/82

tief   7/4b/74
Tierschutz, der, nur Sg.   6/8a/69
Tierschutz-Organisation, die, -en   6/8a/69
Tipp, der, -s   3/5d/29
Titel, der, -   6/8d/69
tolerant   3/6a/30
Toleranz, die, meist Sg.   5/7a/57
Tortendiagramm, das, -e   6/8c/69
total   1/2a/6
traditionell   2/6b/20
tragen, sie/er trägt   6/3b/64
Trainer, der, -   2/9c/22
Trainerin, die, -nen   2/9c/22
trainieren   2/9c/22
Training, das, -s   2/9d/23
Trainingsplan, der, -ä-e   2/9c/22
Tram, die, -s   FK/2a/82
Trambahn, die, -en   FK/2a/82
Traumferien, die, nur Pl.   1/1a/6
traurig   3/6b/30
Trend, der, -s   6/1b/62
trendy   6/1b/62
Tribüne, die, -n   2/9f/23
Trick, der, -s   2/9d/23
Trinken, das, -   6/7b/68
trocken   1/3b/8
trotzdem   FK/4b/85
T-Shirt, das, -s   6/2a/63
tun   2/6a/20
Turm, der, -ü-e   1/9c/14
Typ, der, -en   6/4b/65
typisch   2/6b/20

U

üben   FK/1e/36
überall   7/8b/79
überhaupt   3/5a/29
übermorgen   7/2c/73
Übersetzung, die, -en   FK/4b/85
übertreiben   5/3b/54
üblich   5/1b/52
umweltfreundlich   6/1b/62
Umziehen, das, -   7/8b/79
umziehen, sich   7/8b/79
unbedingt   3/5a/29
Uniform, die, -en   2/4e/18
Universität, die, -en   2/7d/21
unpünktlich   3/11a/34
unsicher   5/4a/55
unten   6/7c/68
unternehmen, sie/er unternimmt   1/6a/10
unterrichten   4/5b/46
Unterrichten, das, -   2/7a/21
unterscheiden, sich   FK/2a/82
Unterschied, der, -e   6/7c/68
unterschiedlich   3/11a/34
unterwegs   1/2c/7
Upcycling-Workshop, der, -s   7/7b/77
Urlaub, der, -e   1/1a/6
USB-Stick, der, -s   4/4a/44

V

Variante, die, -n   FK/2a/82
Veganer, der, -   7/4b/74
Veganerin, die, -nen   7/4b/74
Velo, das, -s   FK/2a/82
verabreden   5/8a/58
verabredet   7/8b/78
Verabredung, die, -en   5/8b/58
verbessern   2/9d/22
verbreiten   4/7/47
verdienen   2/1b/16
Verein, der, -e   2/9c/22
vereinsintern   2/9f/23
vergessen, sie/er vergisst   1/7a/12
verheiratet   2/1b/16
Verkäufer, der, -   2/1b/16
Verkäuferin, die, -nen   2/1b/16
Verkaufsstand, der, -ä-e   7/7b/77
verletzt   4/5b/46
verlieren   3/4b/28
vermuten   1/8b/13
Vermutung, die, -en   1/8b/13
verreisen   1/7a/12
verschieben   5/8b/58
verschieden   5/1b/52
Verständnis, das, nur Sg.   5/7a/57
verstecken, sich   7/8b/79
verstehen   3/5a/29
verstehen, sich   5/4a/55
versuchen   FK/2c/38
vertragen (sich), sie/er verträgt   5/4a/55
Video, das, -s   4/3a/43
Videochat, der, -s   7/8b/78
Videospiel, das, -e   4/10a/49
Videostreaming, das, -s   4/1c/42
viele   4/3c/43
vielfältig   5/1b/52
Violine, die, -n   FK/1e/36
voll (Voll cool!)   1/2a/6
Volleyball (Sport)   3/7a/31
Vollgas, das, - (Vollgas geben)   7/6a/76
vollgepackt   7/6a/76
vor   7/2c/73
vor allem   6/8a/69
vorbeifahren, sie/er fährt vorbei   4/4e/45
vorbeigehen, sie/er geht vorbei   3/9b/33
vorgestern   7/2c/73
vorlassen, sie/er lässt vor   5/6a/56
vorsichtig   3/6b/30
vorstellen, sich, sie/er stellt sich vor   3/9b/32
Vorwahl, die, -en   FK/3d/84
VR-Brille, die, -n   6/1b/62

W

wahr   4/8b/48
wahrscheinlich   1/8b/13
warm   1/3b/8
warten   7/6a/76
Wasser, das, -   7/8b/79
Wasserfall, der, -ä-e   1/6a/10
Weg, der, -e   1/6a/10

Wortliste

wehtun, sie/er tut weh   2/9e/23
weil   2/5a/19
weinen   4/8d/48
Weinen, das, -   7/8b/79
weit   5/4a/54
weiter   FK/2c/38
weiterleiten, sie/er leitet weiter   4/7/47
welche/r   5/1d/53
Welt, die, nur Sg.   2/2/17
weltberühmt   7/4b/74
weltweit   7/4b/74
wem   3/5d/29
Wendung, die, -en   2/1d/17
wenig   3/3b/27
wenigstens   FK/3d/84
wenn   3/4b/28
werden, sie/er wird   2/1b/16
werfen, sie/er wirft   KP/Spiel/40
Werkstatt, die, -ä-en   2/7d/21
Westen, der, nur Sg.   1/4a/9
Wettbewerb, der, -e   2/9c/22
Wetter, das, -   1/3d/8
Wetterbericht, der, -e   1/4a/9
WG, die, -s (Wohngemeinschaft, die, -en)   5/4a/54
wie   3/8a/31
wieder   1/8d/13
wichtig   3/6e/30

Wind, der, nur Sg.   1/3a/8
windig   1/3b/8
wirklich   2/1c/16
wohlfühlen, sich, sie/er fühlt sich wohl   5/4a/55
Wohngruppe, die, -n   5/1b/52
Wohnhaus, das, -ä-er   7/8b/78
Wohnheim, das, -e   5/1b/52
Wohnwagen, der, -/-ä   2/1b/16
Woche, die, -n   7/1c/72
Wolke, die, -n   1/3a/8
Workshop, der, -s   7/7b/77
Wort, das, -ö-er   KP/Spiel/40
Wortfeld, das, -er   6/4b/65
Wortschatz, der, nur Sg.   FK/2a/82
wunderbar   1/1a/6
Wunsch, der, -ü-e   2/5a/19
wünschen   FK/2d/39
Wurfball, der, -ä-e   7/7b/77

Y

Youtuber, der, -   7/4b/74
Youtuberin, die, -nen   7/4b/74

Z

Zahl, die, -en   KP/Spiel/40
Zahnarzt, der, -ä-e   2/4c/18
Zahnärztin, die, -nen   2/4c/18
zeigen   3/5a/29
Zeitschrift, die, -en   4/4a/44
zelten   1/1a/6
Zeltplatz, der, -ä-e   1/6a/10
Zettel, der, -   3/9b/33
Ziege, die, -n   7/8b/78
ziemlich   1/6a/10
Zirkus-AG, die, -s   7/7b/77
Zuhause, das, -   5/4a/55
zuhören, sie/er hört zu   3/9b/32
zurückgeben, sie/er gibt zurück   4/9c/49
zurückgehen, sie/er geht zurück   KP/Spiel/40
zurückkommen, sie/er kommt zurück   7/8b/79
zurückschicken, sie/er schickt zurück   6/6a/67
zurückschreiben, sie/er schreibt zurück   3/9b/32
zusammen   3/1b/26
Zusammenleben, das, -   5/1b/52
zusehen, sie/er sieht zu   2/7d/21
zuschauen, sie/er schaut zu   2/10c/24
zuverlässig   3/6a/30
zwischen   3/9b/32

Bildquellenverzeichnis

Cover: mauritius images/Westend61; (Illu): Cornelsen/Irina Zinner **S. 2**: PEFC Deutschland e.V.; **S. 4** (1): stock.adobe.com/Andrew Mayovskyy; (2): Shutterstock.com/sirtravelalot; (3): stock.adobe.com/Xavier Lorenzo; (4): Shutterstock.com/Lucky Business; (Band): Shutterstock.com/Monkey Business Images; **S. 5** (5): Shutterstock.com/MintImages; (6): Shutterstock.com/thinkhubstudio; (7): Shutterstock.com/Animaflora PicsStock; (Gebirge): Shutterstock.com/Wolfgang Zwanzger; (Person): stock.adobe.com/Valerii Honcharuk; **S. 6** (A): Shutterstock.com/Monkey Business Images; (B): stock.adobe.com/Ariwasabi; (Kamera): Shutterstock/CAPToro; (Smiley): Shutterstock/pixelliebe; **S. 7** (C): Shutterstock.com/Georgy Dzyura; (D): Europa-Park; (Kamera): Shutterstock/CAPToro; **S. 8** (d): Cornelsen/Silke Bachmann; (e): Cornelsen/Silke Bachmann; (Hitze): Shutterstock.com/YinNarukami; (Wolke): Shutterstock.com/Natascha Kaukorat; (Kälte): Shutterstock.com/Leonid Ikan; (Schnee): Shutterstock.com/Andrei Stepanov; (Nebel): stock.adobe.com/SasaStock; (Regen): stock.adobe.com/peopleimages.com/Mariusz S/#532aa88ea94df/Mariusz S/peopleimages.com; (Sonne): stock.adobe.com/Guenter Albers/Günter Albers; (Gewitter): stock.adobe.com/muratart; (Wind): stock.adobe.com/franzeldr; **S. 9** (Kompass): Cornelsen/Silke Bachmann; (Daumen): stock.adobe.comBoyko.Pictures; (Wetterkarte): Cornelsen/Silke Bachmann; **S. 10** (links): stock.adobe.com/Dewald Kirsten Photography/Dewald; (smiley): Shutterstock/pixelliebe; (rechts): Shutterstock.com/dotshock; (mitte): stock.adobe.com/Kim Petersen/Kim; **S. 11** (d): Cornelsen/Doris Umschaden; (e): stock.adobe.com/Andrew Mayovskyy; **S. 12**: Cornelsen/Silke Bachmann; **S. 13**: Cornelsen/Silke Bachmann; (smiley): Shutterstock/pixelliebe; **S. 14**: Cornelsen/Maximus Film GmbH; **S. 15**: Cornelsen/Doris Umschaden; **S. 16** (A): Shutterstock.com/Krakenimages.com; (B): Shutterstock.com/KlavdiyaV; (C): Shutterstock.com/VAKS-Stock Agency; (D): stock.adobe.com/arrowsmith2; **S. 17** (Würfel): stock.adobe.comdariachekman; (2): Cornelsen/Silke Bachmann; **S. 18** (Friseurin): stock.adobe.com/stock.adobe.com茂輝 田代; (Kellnerin): Shutterstock.com/BearFotos; (Bäckerin): Shutterstock.com/ESB Professional; (Sängerin): stock.adobe.com/Gorodenkoff Productions OU/Gorodenkoff; (Zahnärztin): Shutterstock.com/Drazen Zigic; (Fahrerin): stock.adobe.com/Fernando; **S. 19** (oben links): Shutterstock.com/Gorodenkoff; (oben rechts): Shutterstock.com/SeventyFour; **S. 20**: www.boys-day.de / www.girls-day.de, Kompetenzzentrum Technik-Diversity-Chancengleichheit e.V.; **S. 21** (links): stock.adobe.com/Seventyfour; (rechts): Shutterstock.com/Robert Kneschke; **S. 22** (smiley): Shutterstock/Cosmic_Design; (oben rechts): stock.adobe.com/Nacho Ferrándiz/Ignacio Ferrándiz; (unten links): Shutterstock.com/yanik88; (smiley, Sternaugen): Shutterstock/Eugene B-sov; **S. 23** (smiley): Shutterstock/Cosmic_Design; (unten rechts): Shutterstock.com/sirtravelalot; (oben links): Shutterstock.com/yanik88; **S. 24**: Cornelsen/Maximus Film GmbH; **S. 26** (A): stock.adobe.com/contrastwerkstatt; (B): stock.adobe.com/Voloshyn Roman; (C): stock.adobe.com/Monkey Business; (D): Shutterstock.com/Rido; (E): Shutterstock.com/Egoitz Bengoetxea; (F): Shutterstock.com/LightField Studios; **S. 27**: Cornelsen/Silke Bachmann; **S. 28** (A): stock.adobe.com/Xavier Lorenzo; (B): stock.adobe.com/Alexander Rochau/ARochau; (C): Shutterstock.com/Violator22; **S. 29**: Cornelsen/Silke Bachmann; **S. 30** (rechts): stock.adobe.com/Gelpi; (links): stock.adobe.com/silverkblack; (unten): Cornelsen/Silke Bachmann; **S. 31**: Cornelsen/Silke Bachmann; **S. 32**: Cornelsen/Silke Bachmann; **S. 33** (smiley): Shutterstock.com/SpicyTruffel; (oben): Cornelsen/Silke Bachmann; (unten): Cornelsen/Silke Bachmann; **S. 34**: Cornelsen/Maximus Film GmbH; **S. 35**: Cornelsen/Silke Bachmann; **S. 36** (1): stock.adobe.com/inna717; (A): Shutterstock.com/adriaticfoto; (B): Shutterstock.com/Africa Studio; (C): Shutterstock.com/Monkey Business Images; (D): Shutterstock.com/Studio Romantic; (E): stock.adobe.com/Rusty; **S. 37**: Cornelsen/Silke Bachmann; **S. 38** (oben): Shutterstock.com/StoryTime Studio; (mitte): Shutterstock.com/Krakenimages.com; (unten): Shutterstock.com/Tutatamafilm; **S. 39** (rechts): mauritius images/alamy stock photo/LademannMedia; (links): Imago Stock & People GmbH/APress; **S. 40** (oben): Cornelsen/Silke Bachmann; (rechts): Cornelsen/Silke Bachmann; (links): Cornelsen/Silke Bachmann; (smiley): Shutterstock.com/SpicyTruffel; **S. 41**: Cornelsen/Silke Bachmann; **S. 42** (A): Shutterstock.com/Rawpixel.com; (B): stock.adobe.com/KerkezPhotography.com/kerkezz; (C): stock.adobe.com/Strelciuc; (D): Shutterstock.com/Evgeny Atamanenko; (Symbole): Shutterstock/PureSolution; **S. 44** (rechts): Shutterstock.com/silverkblackstock; (links): Shutterstock.com/stockfour; (unten): Cornelsen/Silke Bachmann; **S. 45**: Cornelsen/Silke Bachmann; **S. 46** (unten): Cornelsen/Silke Bachmann; (oben): stock.adobe.com/master1305; **S. 47**: Cornelsen/Silke Bachmann; **S. 48** (C): Shutterstock.com/Osmar Testti; (B): Shutterstock.com/Lucky Business; (A): Shutterstock.com/Monkey Business Images; **S. 49** (Kamera): Shutterstock/CAPToro;; (mitte): Cornelsen/Silke Bachmann; **S. 50**: Cornelsen/Maximus Film GmbH; **S. 52** (A): stock.adobe.com/Halfpoint; (B): Deutsche Blindenstudienanstalt e.V.; (C): Shutterstock.com/Monkey Business Images; (D): Shutterstock.com/MintImages; **S. 54**: Cornelsen/Silke Bachmann; **S. 56**: Cornelsen/Silke Bachmann; **S. 59**: Cornelsen/Silke Bachmann; **S. 60**: Cornelsen/Maximus Film GmbH; **S. 62** (A): Shutterstock.com/thinkhubstudio; (B): stock.adobe.com/judwick; (C): Shutterstock.com/Beatriz Vera (D): Shutterstock.com/Rohappy;; **S. 63**: Cornelsen/Silke Bachmann; **S. 64**: Cornelsen/Silke Bachmann; **S. 65**: stock.adobe.com/shootingankauf; **S. 66** (Rock): Shutterstock.com/Tarzhanova; (Schuhe): Shutterstock.com/Mialcas; (Shirt pink): stock.adobe.com/Branded (P4MM)/Un/Un-Branded (P4MM); (Pullover): Shutterstock.com/Tarzhanova; (Brille): Shutterstock.com/Fototocam; (Shirt grün): stock.adobe.com/Branded (P4MM)/Un/Un-Branded (P4MM); (Socken): Shutterstock.com/BigTunaOnline; (Sneaker): Shutterstock.com/tale; (Gürtel braun): Shutterstock.com/Artem Avetisyan; (Stiefel): Shutterstock.com/Teerawit Chankowet; (Gürtel blau): Shutterstock.com/Artem Avetisyan; (Brille gelb): Shutterstock.com/exopixel; **S. 67**: Cornelsen/Silke Bachmann; **S. 68** (mitte rechts): Shutterstock.com/Rawpixel.com; (rechts): Shutterstock.com/Jag_cz; (mitte unten): Shutterstock.com/Alena Haurylik; (links): Shutterstock.com/Ground Picture, **S. 69**: Shutterstock.com/Victor Metelskiy; **S. 70**: Cornelsen/Maximus Film GmbH; **S. 72** (A): stock.adobe.com/Drobot Dean; (B): Shutterstock.com/Monkey Business Images; (C): Shutterstock.com/Animaflora PicsStock; (D): stock.adobe.com/contrastwerkstatt; (Tablet): Shutterstock.com/Issarawat Tattong; **S. 73**: Cornelsen/Silke Bachmann; **S. 74** (A): mauritius images/alamy stock photo/Tomas Gaubys; (B): Imago Stock & People GmbH/Future Image; (C): dpa Picture-Alliance/Stig Alenäs/Zoonar.com/Zoonar; (D): Imago Stock & People GmbH/Michaela Merk; **S. 75**: Cornelsen/Silke Bachmann; **S. 76** (mitte unten): Shutter stock.com/Monkey Business Images; (mitte oben): Shutterstock.com/Golubovy; (unten): Shutterstock.com/Rawpixel.com; (oben): Shutterstock.com/Ground Picture; **S. 78**: Cornelsen/Silke Bachmann; **S. 80** : Cornelsen/Maximus Film GmbH; **S. 81**: Cornelsen/Silke Bachmann; **S. 82**: Cornelsen/Silke Bachmann; **S. 83** (Karte): Shutterstock/ii-graphics; (Telefon): Cornelsen/Irina Zinner; (Krankenwagen): Katharina Knebel, Berlin; (): Cornelsen/Irina Zinner; (Rad): Cornelsen/Irina Zinner; (Flaggen): Shutterstock.com/Puwadol Jaturawutthichai; (Tram): Cornelsen/Irina Zinner; **S. 84** (rechts): Imago Stock & People GmbH/Bildagentur Monn; (Flaggen): Shutterstock.com/Puwadol Jaturawutthichai; **S. 86**: Shutterstock.com/IB Photography; **S. 87** (A): Shutterstock.com/byswat; (B): Shutterstock.com/Stock-Photo; (C): Shutterstock.com/Stock image; (D): stock.adobe.com/Valerii Honcharuk;; (E): stock.adobe.com/Copyright: Sergey Novikov (serrnovik) ripicts.com/Sergey Novikov; (F): Shutterstock.com/sezer66